Beckenbodentraining – Entdeckungsreise zur weiblichen Mitte

Beckenbodentraining

Entdeckungsreise zur weiblichen Mitte

Ein Wegbegleiter nach dem bewährten BeBo® Konzept

Yvonne Keller ▪ Judith Krucker ▪ Marita Seleger

BeBo® Verlag GmbH ▪ Zürich

In diesem Buch wird die neue deutsche Rechtschreibung angewendet.

Fotos: Thomas Zwyssig, Zürich
Illustrationen: Franziska Schellenberg, Natasa Milosevic, Hochschule für Gestaltung und Kunst Zürich, Studienbereich für wissenschaftliche Illustrationen
Layout: Colorlight, CH-Geroldswil
Buchcover: Diego Bally AG, CH-Zürich
Druck: Kessler Druck + Medien, D-Bobingen

9. Auflage Januar 2015
1. Auflage Juni 2001

ISBN 978-3-033-00554-9

Inhaltsverzeichnis

Inhaltsverzeichnis

Inhaltsverzeichnis

Inhaltsverzeichnis

Inhaltsverzeichnis

Inhaltsverzeichnis

So hat alles begonnen ...

Liebe Leserin,
Die Basis unseres Rumpfes, unser Beckenboden, ist mir erstaunlicherweise erst vor sechs Jahren begegnet. In meiner Ausbildung zur Krankenschwester und später in all den Aus- und Weiterbildungen zur Fitnesstrainerin erfuhr ich nichts über ihn. Jahrelang leitete ich Rückentrainings. Hier hörte ich von ein paar Teilnehmerinnen: „Seit ich zu dir ins Rückentraining komme, habe ich keine schwache Blase mehr". Diese Aussage weckte mein Interesse für den Beckenboden.

An einem Vortrag vernahm ich zum ersten mal genaueres über den Beckenboden. Ich wurde sehr neugierig und beschaffte mir zu diesem Thema Literatur und besuchte Fortbildungen.

Je intensiver ich mich mit diesem Thema auseinander setzte, desto vertrauter wurde ich mit meinem eigenen Beckenboden. Er wurde ein Teil von mir. Ich kann ihn bewusst anspannen und loslassen, leicht anticken oder ihn einfach nur beobachten, ob er von sich aus bei gewissen Tätigkeiten mitarbeitet, oder einfach locker lässt. Dank meinem Beckenboden-Bewusstsein erlebe ich täglich mein Frausein ganz bewusst, liebevoll und gestärkt.

1996 führte ich den ersten Beckenbodenkurs durch. Damals arbeitete ich noch als Geschäftsführerin eines Fitnesscenters, und alle Teilnehmerinnen dieses ersten Kurses kannten mich persönlich. Ich hatte das Gefühl, dass diese aus Sympathie den Kurs besuchten und dies wohl mein einziger Kurs sein würde. Doch da täuschte ich mich gewaltig. Seit Frühjahr 1997 arbeite ich hauptberuflich als Beckenbodenkursleiterin. Die Nachfrage stieg und ich bekam gleichzeitig auch die Möglichkeit zu diesem Thema Weiterbildungskurse für Personen aus dem Fitness- Sport- und Therapiebereich zu leiten.

Das Thema Beckenboden lässt mich nicht mehr los. Laufend besuche ich Weiterbildungen und lese alles, was mir dazu in die Hände kommt. Einerseits liegt meine Faszination beim Beckenboden selber. Andererseits staune ich über die vielen Zusammenhänge des Beckenbodens, wie zum Beispiel mit der Atmung, der Haltung und der Beeinflussung der Psyche. Mich wundert es, dass dieser wichtige Körperteil – unsere Mitte – oft einfach vergessen wird.

Aus all dem Gelernten und den gesammelten Erfahrungen habe ich ein eigenes Kurskonzept entwickelt. Dieses heisst „BeBo® Gesundheitstraining". Einige von mir ausgebildete Kursleiterinnen suchten die Zusammenarbeit mit mir . So entstand das BeBo® Team, welches in der Deutschschweiz an verschiedensten Orten Kurse anbietet.

So hat alles begonnen.../Vorwort

Von 1996 bis ins Jahr 2000 besuchten über 2500 Frauen einen BeBo® Kurs.

Im Frühjahr 2001 habe ich BeBo® Gesundheitstraining Judith Krucker übergeben. Sie leitet das Konzept im bewährten Stil weiter. Auch die Ausbildungen zur Beckenbodenkursleiterin führt sie durch. Ich bin glücklich mein BeBo®-Kind in so guten Händen zu wissen und habe dadurch die Möglichkeit mich weiteren Herausforderungen rund ums Thema Frausein zu stellen. Ich wünsche allen ein gutes Gelingen ihrer persönlichen Entdeckungsreise zur weiblichen Mitte.

Yvonne Keller

Vorwort

Meine persönliche Entdeckungsreise begann bei den Füssen. Die Füsse – unser tragendes Fundament – weit entfernt vom Kopf, vom Herz, von der Körpermitte, faszinieren mich noch heute, denn sie sind ein bedeutendes Element in der Statik des Menschen. Gesunde, vitale Füsse, funktionstüchtige Muskeln, die das Skelett tragen, damit wir uns eines schmerzfreien Lebens genussvoll erfreuen können, sind für Mann und Frau Ziele. Das war auch bei mir so. Ich begann als Fussreflexzonentherapeutin. Mein Weg führte mich über verschiedene, spannende Stationen wie Rücken- und Haltungsschule, Geburtsvorbereitung, Schwangerschafts- und Rückbildungsgymnastik zum Beckenboden – zur Körpermitte. Seit sieben Jahren arbeite ich erfolgreich mit dem BeBo® Konzept, bilde angehende Beckenboden-KursleiterInnen aus, biete Speziallehrgänge in Zusammenarbeit mit Krankenkassen an und bin im Blasenzentrum Zürich bei PD Dr. Daniele Perucchini, tätig. Im Februar 2001 habe ich die Organisation BeBo®, Gesundheitstraining von Yvonne Keller übernommen und ausgebaut.
Den Beckenboden und die wichtigen Zusammenhänge mit anderen Organen, die zu mehr Wohlbefinden und Vitalität beitragen, zu erforschen, bereitet mir grosse Freude. Begeistert orientiere ich über das Thema. Auch jüngere Frauen sind willkommen beim Erlebnis, ihren Beckenboden zu erspüren. Ausserdem gilt: Vorbeugen ist einfacher als heilen! Dieses Praxis bezogenene Buch soll Ihnen helfen, Ihren ‚Beckenboden' zu erspüren und mit diesem Muskel zu arbeiten. Hiezu wünsche ich allen viel Freude, Geduld und vor allem viel Erfolg beim Entdecken.

Judith Krucker

Vorwort

Der Beckenboden ist viele Jahrzehnte vernachlässigt worden. Es ist erfreulich, dass sich dies in den letzten Jahren geändert hat. Denn „Vorbeugen ist besser als Heilen". Dieses alte Sprichwort trifft auch auf Probleme rund um die Blase und den Beckenboden der Frau zu, insbesondere auf den ungewollten Urinabgang (Harninkontinenz).

Bis 40% der Frauen über 50 Jahren leiden an Urininkontinenz unterschiedlichen Ausmasses: Die Beschwerden reichen von sporadischem, wenig störendem Urinverlust, über Verunsicherung (Geruch, Nässe) bis zum Rückzug von Geselligkeit mit Vereinsamung und Menschenscheu. Mit der zunehmenden Überalterung unserer Bevölkerung wird die Harninkontinenz deshalb zu einem eigentlichen Volksleiden. Dieses Krankheitsbild schafft nicht nur ein medizinisches, sondern vor allem auch ein grosses, meist unterschätztes, persönliches Leiden.

Es ist deshalb wertvoll, wenn heute in weiten Bevölkerungskreisen über diese Probleme gesprochen wird und Möglichkeiten der Prävention angeboten werden. Wenn die Symptome der Blasen- und Beckenbodenschwäche sich bereits bemerkbar machen, dann können diese im Anfangsstadium mit einem guten Beckenbodentraining gebessert, wenn nicht sogar geheilt werden. Frauen bei denen eine Operation notwendig wird, können den Beckenboden besser vor weiterer Schädigung schützen.

Das vorliegende Buch zeigt neben dem eigentlichen Beckenbodentraining viele Zusammenhänge auf. So wird auf die Wichtigkeit der Rückenhaltung und der Atmung eingegangen und auch aufgezeigt wie der Beckenboden vor Überlastung geschützt werden kann.

Viele Frauen haben sich in den letzten Jahren für den Beckenboden interessiert und im BeBo® Gesundheitstraining mit Kursen Hilfe gefunden. Nun gibt es zu diesen Kursen auch ein Buch, in das viel Erfahrung aus der Arbeit der letzten Jahre eingeflossen ist. Wenn Sie trotz der ausführlichen Beschreibungen das Gefühl haben, dass Sie mit dem Beckenbodentraining nicht weiter kommen, dann werden Ihnen die Kursleiterinnen gerne weiterhelfen und Adressen für spezifischere Abklärungen und Therapien anbieten. Sie werden sehen, dass auch Sie es schaffen werden.

Ich wünsche allen Frauen viel Motivation, Ausdauer, Spass und Erfolg beim Umsetzen dieser Lektüre.

PD Dr. med. Daniele Perucchini
Universitätsspital Zürich
Departement Frauenheilkunde
Privatpraxis Gottfried Keller Str. 7
CH-8001 Zürich

Herzlich Willkommen zur Entdeckungsreise

In den folgenden 49 Tagen wird zwischen uns Autorinnen/Kursleiterinnen und Ihnen eine Verbundenheit entstehen. Schon beim Schreiben hatten wir das Gefühl, wir würden mit unserem Gegenüber, also mit Ihnen als Leserin in Kontakt sein. So erlauben wir uns, Sie ab jetzt mit „du" anzusprechen. In den BeBo® Kursen sprechen wir uns, nach vorheriger Absprache, ebenfalls mit du und Vornamen an.

Bevor du mit der Entdeckungsreise starten kannst, brauchst du die richtige Ausrüstung dazu. Für den ersten Teil der Reise brauchst du einen Hocker oder einen Stuhl ohne Polster und ohne Armlehne und eine bequeme, nicht allzu weiche Liegefläche. Wie auf jeder Reise trägst du mit Vorteil bequeme Kleidung und achtest auf warme Füsse. Spezielle Hilfsmittel werden für gewisse Übungen ab dem 13. Tag verwendet. Die Bezugsadressen findest du im Anhang dieses Buches.

In den ersten Tagen werden schwerpunktmässig anatomische und physiologische Zusammenhänge beschrieben. Gegen Ende der Reise behandeln wir verschiedene Themen rund ums Frausein und möchten auch mit persönlichen Ansichten zum Nachdenken anregen.

Am besten nimmst du dir jeden Tag fünf bis zehn Minuten Zeit, um das Thema des Tages zu lesen und die Wahrnehmungstests (*kursive Schrift*) und die eigentlichen Übungen (blaue Schrift) gleich auszuprobieren. Die meisten Übungen kannst du dann über den Tag verteilt, in den Alltag integrieren. Wenn du nicht viel Zeit hast oder dich das Tagesthema nicht interessiert, dann lies nur die „Tagestipps" (blauer Merkkasten). Für Frauen die ihren Beckenboden und Körper bereits gut wahrnehmen, hat es bei den Tagestipps eine Zusatzaufgabe oder eine Herausforderung für Fortgeschrittene.

Liest du das Buch im Eiltempo durch, weil dich das Thema so fasziniert, so beachte, was bereits Einstein sagte:

Lernen ist erfahren – alles andere ist Information.

„Entdeckungsreise" soll eine Erfahrungsreise sein, also gib dir die Zeit und mache die Übungen Tag für Tag wie in den Tagestipps beschrieben. Das Buch ist so aufgebaut, dass im Anschluss an die theoretischen Erklärungen gleich Wahrnehmungsübungen folgen, welche dich erfahren und verstehen lassen. So kannst du erfahren – lernen.

Wenn in diesem Buch von einem „fitten" oder von einem „guten" Beckenboden gesprochen wird, heisst das: Der Beckenboden hat genügend Kraft um reflektorisch gegenzuhalten, er verfügt über einen guten Grundtonus, ist elastisch, ist fähig zu entspannen und wird gut wahrgenommen.

Ein wacher, fitter Beckenboden ist das Geheimnis unserer weiblichen Kraft. Er befindet sich in einem Gleichgewicht zwischen Anspannen und Loslassen.

Dieses Buch dient den Kursteilnehmerinnen der BeBo® Kurse als Kursunterlage. Eine Lektion des BeBo® Kurses entspricht jeweils sieben Tagen der

Entdeckungsreise. Dieses Buch ist so ausführlich geschrieben, dass die Reise auch ohne begleitenden Kurs, zusammen mit dem persönlichen Einsatz, erfolgreich sein wird. Doch für die Motivation, den Erfahrungsaustausch mit anderen Frauen, um Fragen zu stellen, Unsicherheiten zu klären und zur Kontrolle ist ein BeBo® Kurs immer zu empfehlen. Informiere dich, wann in deiner Nähe ein Kurs stattfindet. Informationen hierzu findest Du auch im Internet unter:
www.beckenboden.com oder im BeBo® Sekretariat, Adresse im Anhang des Buches.

Viel Erfolg und Spass bei deiner Entdeckungsreise wünscht dir das BeBo® Kursleiterinnen Team

Wichtig

Es ist möglich, dass du die Übungen nicht genau so wahrnimmst, wie sie beschrieben sind. Lass dir Zeit und gib deiner Wahrnehmung deine eigenen Worte und Namen. Solltest du, auch nach ein paar Wochen fleissigen Übens, deinen Beckenboden nicht spüren oder unsicher sein, besprich dies bitte mit einer Fachperson oder mit deiner Ärztin/Arzt.

Dieses Buch dient in erster Linie der Prävention. Hast du gesundheitliche Probleme, wie Inkontinenz, Senkung oder anderes, ist es wichtig, dass deine Ärztin/Arzt darüber Bescheid weiss. Das Wissen aus diesem Buch kann eine Therapie unterstützen.

Bei allen Übungen darf nichts schmerzen. Das Beckenbodentraining soll nur schön – manchmal schön anstrengend – sein.

Je nach persönlicher Situation, sind 49 Tage sehr kurz um Erfolge zu erzielen. Betrachte dieses Buch als Einführung und gib dir einige Monate Zeit, um das Gelernte anzuwenden und reifen zu lassen.

Heisst es nicht, dass alles Lernen nur ein Wiedererinnern ist?

Lass uns die Reise beginnen:

„Wo ist mein Beckenboden?"

Dein Beckenboden deckt die ganze Öffnung, die das knöcherne Becken nach unten offen lässt ab. Das heisst das knöcherne Becken umgibt den Beckenboden wie ein Rahmen.
Die vier markantesten Grenzpunkte (die zwei Sitzbeinhöcker, Steissbein und Schambein) dieses knöchernen Rahmens kannst du mit den folgenden Übungen gut erspüren.

Sitzbeinhöcker

Wahrnehmungsübung:
Setze dich auf einen Stuhl, die Beine hüftbreit aufgestellt, die Füsse gut auf dem Boden. Beobachte nun, wo du das Gewicht deines Körpers auf die Sitzfläche abgibst. Klar, du sitzt auf deinem Gesäss, aber beim genaueren Beobachten wirst du feststellen, dass die knöchernen Gesässhöcker sich bemerkbar machen. Das sind deine Sitzbeinhöcker. Genau diese sollst du spüren.
Wenn du dich auf dem Stuhl hin und her bewegst oder langsam auf diesen Sitzbeinhöckern vor- und rückwärts rollst, kannst du sie besser wahrnehmen.

Steissbein

Wahrnehmungsübung:
Wenn du das nächste Mal auf deinen Sitzbeinhöckern rückwärts rollst und hinten unten zu sitzen kommst, bleibe einen Moment lang und achte auf dein Steissbein. Kannst du dein Steissbein wahrnehmen?
Setze dich wieder aufrecht hin und taste mit einer Hand dein Steissbein ab. Massiere es kräftig, so dass ein nachhaltiges Gefühl bleibt.

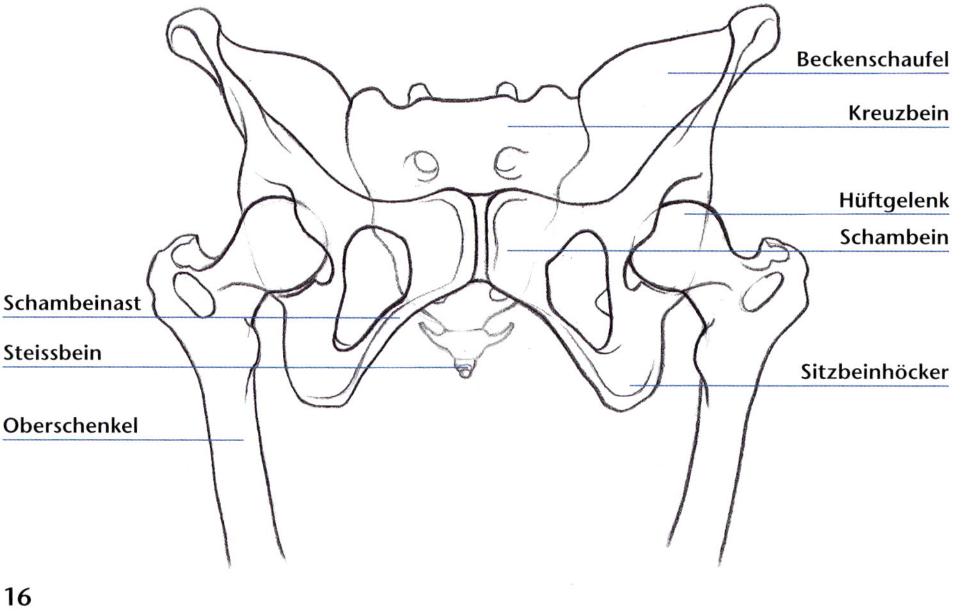

Schambein

Wahrnehmungsübung:

Rolle auf den Sitzbeinhöckern vorwärts. Achte auf dein Schambein. Kannst du es wahrnehmen?

Setze dich wieder aufrecht hin und taste mit einer Hand dein Schambein ab – der Knochen, welcher unter deinem Venushügel liegt, ist dein Schambein.

Von diesem gehen die Schambeinäste weg. Taste ihren Verlauf vom Schambein bis zu den Sitzbeinhöckern ab.

Vier knöcherne Orientierungspunkte

Wahrnehmungsübung im Stehen

Die optimalste Position für die Kontaktaufnahme ist: ein Bein erhöht aufgestellt (Bett, Badewannenrand...) ohne Kleidung. Ertaste so deine vier knöchernen Orientierungspunkte.

Abtasten der Knochen die den Beckenboden einrahmen

Tagestipps

- Beim Gehen, Stehen, Sitzen und beim Bücken versuchst du dir deiner vier knöchernen Orientierungspunkte (Sitzbeinhöcker, Schambein, Steissbein) bewusst zu werden. Verbinde diese gedanklich miteinander, so dass der knöcherne Rahmen entsteht, in dem dein Beckenboden liegt.
- Taste die Knochen (am einfachsten ohne Kleider) ab.

Zusatzbeobachtung für Fortgeschrittene:

- Bei welchen Positionen (im Alltag oder während Gymnastik/ Sport) fühlt sich dein knöcherner Rahmen (und dein Beckenboden) weit und offen an?

Es ist beim Bücken, in der Hocke, in der Knie-Ellbogenlage und beim breitbeinig Sitzen. Spürst du dies auch so?

Heute kannst du die Beckenbodenmuskulatur erkunden und ihre Arbeitsweise kennen lernen. Das Wahrnehmen wird dir leichter fallen, wenn du dir von der Anatomie (= Bauweise) deines Beckenbodens ein Bild machen kannst.

Der Beckenboden

Der Beckenboden besteht aus einem Netz von Muskelfasern, die am knöchernen Becken fixiert sind. Diese verlaufen abwechselnd von vorne nach hinten, von rechts nach links und wieder von vorne nach hinten. Sie schliessen den Rumpf, genauer den Bauchraum, nach unten ab und sind so mitverantwortlich, dass die Organe des Beckens (Gebärmutter mit Vagina, Blase, Darm) an ihrem Ort bleiben. Die Beckenbodenmuskulatur kann in drei Muskelschichten unterteilt werden. Zwischen den einzelnen Muskelschichten befindet sich Bindegewebe.

Du kannst die Muskeln deines Beckenbodens willentlich anspannen und wieder loslassen. Häufig befindet sich der Beckenboden in einem „Dornröschenschlaf" und muss zuerst sanft geweckt werden.

Mit „Bildern" den Beckenboden wecken und erspüren

Die Wahrnehmung des Beckenbodens wird einfacher, wenn du ihm eine gezielte Aufgabe stellst. Das heisst, du stellst dir eine bekannte Alltagssituation vor – machst dir ein Bild – und beobachtest dabei, wie dein Beckenboden arbeitet. Training mit Bildern ist einer der besten Wege neues zu lernen und altes zu vertiefen.
Probiere es aus. Hier drei mögliche Bilder, welche deinen Beckenboden zum Arbeiten – und dich zum Beobachten – anregen.

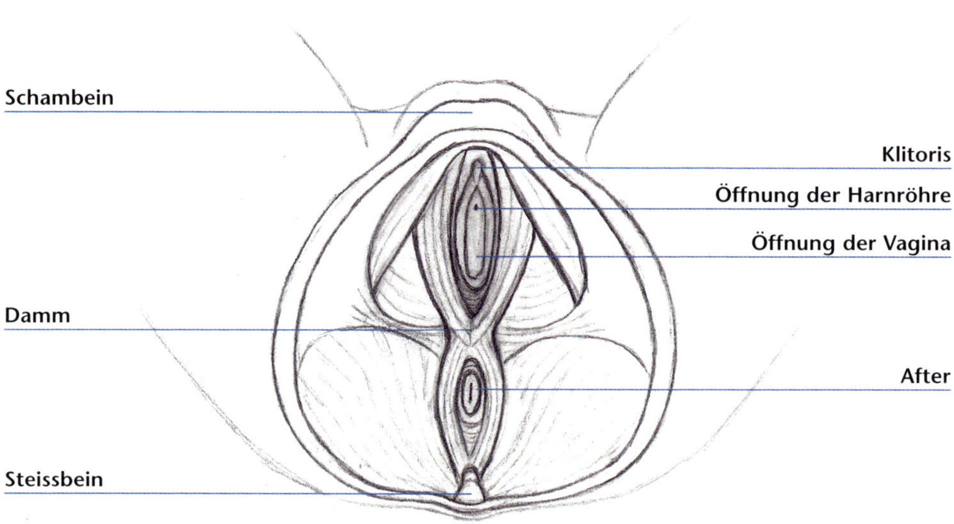

Bild „Pipi Stopp“:
Stelle dir vor, dass du auf der Toilette am Wasser lösen bist. ***Nun unterbrich den Harnstrahl gedanklich*** *und beobachte dabei die Tätigkeit deines Beckenbodens. Wiederhole es ganz gemütlich ein paar Mal.*

Bild „Luft zurückhalten“:
Stelle dir vor, du bist gebläht und Wind möchte ab. Du willst ***die Luft zurückhalten.*** *Beobachte was dein Beckenboden dabei macht. Spürst du eine Kraft, eine Aktivität, zwischen deinen knöchernen Orientierungspunkten?*

Bild „am Tampon ziehen“:
Stelle dir vor, du hast einen Tampon in der Vagina. Gedanklich ziehst du am Schnürchen und ***mit Kraft versuchst du den Tampon in dir zu halten.*** *Beobachte welche Muskeln arbeiten.*

Sicher kannst du diese drei Bilder auch richtig ausprobieren, das heisst auf der Toilette versuchen, den Harnstrahl zu unterbrechen. Dieser sogenannte Pipi-Stopp wurde den Frauen jahrelang als die Übung bei schwachem Beckenboden empfohlen. Zum Teil passiert das heute noch. Als tägliche „Therapie“ ist dies nicht zu empfehlen. Wieso siehst du am 11. Tag unserer Reise. Als Test und um deinen Beckenboden bei seiner Arbeit zu beobachten, darfst du einen echten Pipi-Stopp machen. Die beiden anderen Bilder kannst du problemlos „live“ ausprobieren.

Vielleicht kommen dir in nächster Zeit noch andere, eigene Bilder in den Sinn.

Tagestipps

- Versuche über den Tag verteilt im Sitzen, Stehen und Liegen mit den beschriebenen Bildern deinen Beckenboden wahrzunehmen. Spiele mit der Intensität der Anspannung.

Aufgabe für Fortgeschrittene:
- Arbeite mit den Bildern und beobachte deine Beckenbodenreaktionen so differenziert wie möglich. Arbeite auch mit dem Bild, dass dein Beckenboden mit seinen Öffnungen etwas auflesen, hineinziehen oder aufpicken kann (Kirschsteinchen, Körner, Perlen ...).

Äussere Beckenboden-muskelschicht

Wir unterteilen die Beckenbodenmuskulatur in drei Schichten – die äussere, mittlere und innerste Schicht. Heute beginnen wir mit der äusseren Beckenbodenschicht, das ist diejenige, welche direkt unter der Hautoberfläche verläuft. Mit dieser Schicht können wir anspannen und lösen, ohne dass andere Muskeln mitarbeiten. Die Anspannungen sind sehr lokal wahrnehmbar und anfänglich sind meist nur feine, sehr kurze Anspannungen möglich.

Afterschliessmuskel

Schau dir die Zeichnung der äussersten Schicht an. Achte zuerst auf den After. Darum herum befindet sich ein Ringmuskel, der Schliessmuskel des Afters. Dieser hilft beim Verschliessen des Darms, bei Wind oder starkem Drang für Stuhlgang. Die meisten Frauen spüren ihren Afterschliessmuskel gut. Ausnahmen gibt's, wenn dieser verletzt wurde bei einer Geburt, Operation etc.

Wahrnehmungsübung im Sitzen:
Setze dich aufrecht hin und konzentriere dich auf deinen Beckenboden. Spanne langsam deinen After an und lasse ihn wieder los. Wiederhole dies ein paar Mal. Dazwischen machst du eine gleichlange – bis doppelt solange Pause, wie die Anspannung dauerte. Die Anspannungszeit für diese Übung beträgt etwa 1 bis 5 Sekunden. Während du dies machst, achte auf deine Gesäss-, Bauch- und Beinmuskulatur, diese macht nicht mit – sie bleibt ruhig. Du spürst die Aktivität nur um den After und ein klein wenig unter den Schamlippen.

U-Muskel

Schau dir wieder die Abbildung an. Vom Schambein her verläuft ein Muskel unter den Schamlippen entlang, vorbei an Klitoris, Harnröhren- und Vaginalöffnung bis zum Damm. Hier

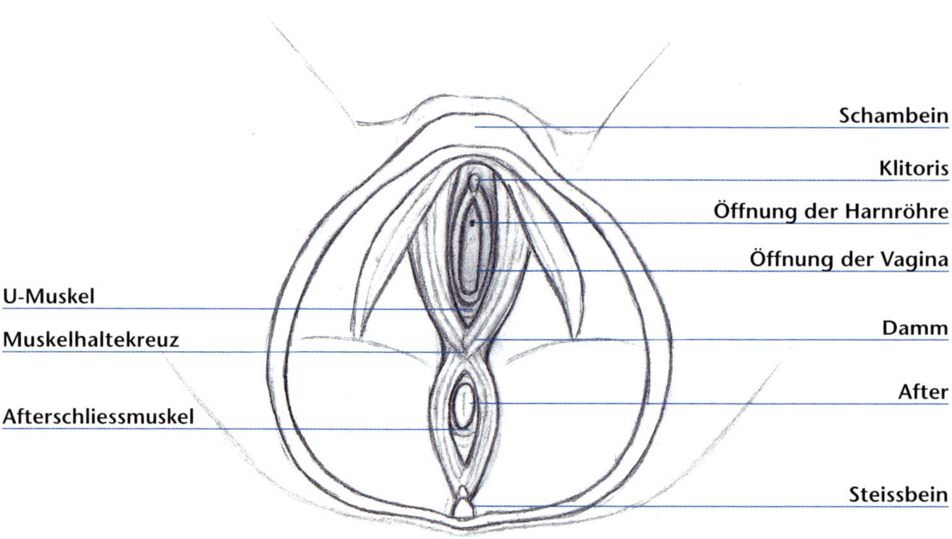

wechselt dieser Muskel die Seite und verläuft auf der anderen Seite wieder zum Schambein. So entsteht eine u-förmige Schleife, daher auch sein Name U-Muskel. Im Dammbereich durchmischt er sich mit dem Afterschliessmuskel. So wird es verständlich, dass du beim Afteranspannen möglicherweise auch bereits eine leichte Muskelaktivität nach vorne bis zum Schambein gespürt hast.

Der U-Muskel hat zwei Aufgaben. Er schwillt bei sexueller Erregung an, so macht er den Vaginaleingang weicher und empfindsamer.
Weiter spannt er sich mit an, wenn wir starken Harndrang haben. Dadurch wird der Damm etwas nach vorne gezogen. Es entsteht ein leichter Verschlussdruck auf die Harnröhre, welcher mithilft, die Harnröhre dicht zu halten.

Wahrnehmungsübung im Sitzen:
Achte auf deinen Beckenboden und beginne wieder deinen After anzuspannen und zu lösen, gleich wie vorhin. Nun beobachte ob du unter den Schamlippen spüren kannst, wie der U-Muskel spontan mitmacht.
Versuche nun bewusst unter den Schamlippen anzuspannen und wieder loszulassen. Viele Frauen beschreiben die Aktivität des U-Muskels als ein Anticken unter den Schamlippen.

Mache diese Wahrnehmungsübung mit geschlossenen Augen, so bist du ganz bei dir und deinem Beckenboden ohne Ablenkung.

Muskelhaltekreuz
Der dritte Muskel der äussersten Schicht ist das Muskelhaltekreuz. Es verläuft vom Schambein bis zum Steissbein und kreuzt sich im Dammbereich. Wie der Name schon sagt, gibt dieser Muskel Halt. Er stützt den U-Muskel und den Afterschliessmuskel. Das Muskelhaltekreuz arbeitet gemeinsam mit dem U-Muskel und dem Afterschliessmuskel.

Wahrnehmungsübung im Sitzen:
Werde dir der Distanz zwischen Steissbein und Schambein bewusst. Hier verläuft die äussere Schicht. Versuche mit feinen Antick- oder Zwinker- Bewegungen dir diese Distanz wahrnehmbar zu machen. Versuche jede Öffnung anzuticken.

Tagestipps

- Versuche in verschiedenen Positionen spielerisch mit deiner äusseren Schicht zu arbeiten (anticken unter den Schamlippen, zwinkern mit den Öffnungen ...). Mache dies nur mit so viel Kraft, dass deine Gesäss-, Bauch- und Beinmuskeln locker bleiben.

Herausforderung für Fortgeschrittene:
- Beobachte wie U-Muskel und Afterschliessmuskel miteinander zusammenspielen; spanne deinen After an und halte die Kraft. Beobachte wie von sich aus Spannung in den U-Muskel kommt. Nimm jetzt bewusst den U-Muskel dazu. Spanne ihn willentlich noch fester an. Spürst du, wie die Kraft im After weiter verstärkt wird? Lege danach eine doppelt so lange Pause ein.

Mittlere Beckenboden-muskelschicht

Heute widmest du dich der mittleren Muskelschicht, welche über der äusseren, das heisst weiter im Körper drinnen liegt. Dies ist eine querverlaufende Schicht. Wie es die Illustration zeigt, verläuft sie zwischen den Sitzbeinhöckern und den Schambeinästen, und deckt die ganze Fläche nach vorne bis zum Schambein ab. Bei dieser Muskelschicht wird zwischen einer Muskelplatte und zwei Muskelsträngen unterschieden. Beim Training kannst du zwischen Muskelstrang und Platte nicht unterscheiden. Diese Schicht spannt sich mit an, sobald der Bauchraumdruck ansteigt. Sie hilft der Harnröhrenschliessmuskulatur den Verschlussdruck zu gewährleisten.

Sobald du die mittlere Schicht anspannst, spürst du, wie sich der Beckenboden anhebt, weg von der Sitzfläche. Beim verstärkten Anspannen spürst du einen Zug zwischen den Sitzbeinhöckern und nach vorne – zwischen den Schambeinästen.

Wahrnehmungsübung im Sitzen:
Setze dich auf deine Hand. Am einfachsten schiebst du deine Hand von vorne her unter deinen Beckenboden, so dass dein längster Finger beim After und dein Handballen beim Schambein zu liegen kommt. Dies vereinfacht die Wahrnehmung. Lass deinen Beckenboden ganz locker und weich in deine Hand sinken. Nun versuchst du den Beckenboden weg von deiner Hand, in dich hinein zu ziehen. Spürst du das Anspannen deines Beckenbodens? Spürst du eine leichte Entlastung auf deiner Hand? Achtung – es gibt kein „Luftloch" zwischen deiner Hand und deinem Beckenboden. Die Entlastung auf der Handfläche und das Spannen sind jedoch wahrnehmbar.

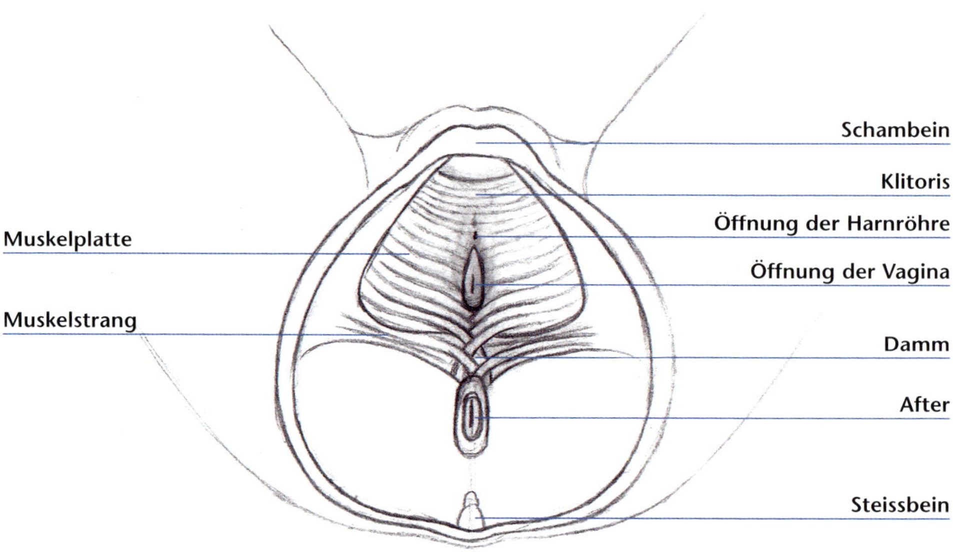

Wiederhole die Übung ein paar Mal. Am einfachsten mit geschlossenen Augen.

Je nachdem was du trägst, können die textilen Schichten die Wahrnehmung beeinträchtigen. Jeans und Ähnliches sind nicht geeignet. Achte auch auf eine aufrechte Haltung und entspannte Schultern. Beides hat einen Einfluss auf die Wahrnehmung.

Wiederhole nun ohne Handkontrolle das Anspannen und Lösen wie vorhin beschrieben. Beobachte dabei, wie deine drei Öffnungen sich verhalten. Spürst du, wie sie sich mit jedem Hochziehen mitanspannen?
Das heisst für dich, bevor du mit der mittleren Schicht arbeitest, spannt sich zuerst spontan die äussere Schicht an.
Beobachte deine Sitzbeinhöcker. Spürst du, wie beim Beckenbodenhineinziehen sich zwischen Damm und den Sitzbeinhöckern eine Spannung aufbaut und du das Bedürfnis bekommst, diese zueinander zu ziehen? Probiere es, hole den Beckenboden in dich hinein und ziehe dann die Sitzbeinhöcker von der Mitte her zueinander.

Sitzbeinhöcker zusammenziehen
Du hast den Eindruck, dass du die Sitzbeinhöcker einfach zusammenziehen kannst. Doch dies täuscht, denn diese Knochen lassen sich nur wenig bis gar nicht zusammenziehen. Es handelt sich nur um ein gefühlsmässiges Zusammenkommen. Doch bei den Beckenbodenübungen hilft das Bild des Sitzbeinhöckerzusammenziehens mit, die Beckenbodenspannung zu verstärken. Beachte, dass du die beiden Sitzbeinhöcker vom Damm aus mit den Beckenbodenmuskeln zueinander **ziehst** und nicht von aussen mit den Gesässmuskeln zusammen**stösst**. Optimal ist, wenn du die Spannung dieses Sitzbeinhöckerzusammenziehens vor allem im vorderen Beckenbodenbereich wahrnimmst (zwischen Damm und Schambein).

Mitspieler des Beckenbodens
Vielleicht ist dir aufgefallen, dass die heutigen Übungen nicht nur Aktivität im Beckenboden auslösen, sondern auch in anderen Muskeln. Wahrscheinlich spürst du eine Spannung in den Bauchmuskeln, in den Rückenmuskeln und in den tiefen Gesässmuskeln. Das ist normal. Diese Muskeln sind Synergisten des Beckenbodens. Von Synergisten wird dann gesprochen, wenn verschiedene Muskeln bei der gleichen Bewegung miteinander arbeiten. Du kannst die Synergisten als „Mitspieler" bezeichnen. (Mehr dazu am 33. Tag.)

Die Schultern gehören nicht zu den Mitspielern des Beckenbodens. Achte darauf, dass während den Übungen deine Schultern immer locker bleiben. Im Sitzen kannst du die Hände auf die Oberschenkel legen und dadurch das Gewicht der Arme abgeben. So ist der Schultergürtel leicht und locker und unterstützt die optimale Beckenbodenarbeit.

Tag 4

Tagestipps

- „Beckenboden hineinziehen", ist die einfachste Instruktion um deinen Beckenboden zu aktivieren. Über den Tag verteilt kannst du das 10- bis 20-mal üben. Einige dieser Anspannungen verstärkst du im Anschluss an das „Hineinziehen" noch, indem du die Sitzbeinhöcker kraftvoll zueinander ziehst. Halte diese grosse Spannung für 3 bis 5 Sekunden und lass sie dann langsam aus dir hinausfliessen. Geniesse danach eine 5 bis 10 Sekunden lange entspannende Pause.

Ausführungsbeobachtung für Fortgeschrittene

- Unterteile deinen Beckenboden in zwei Dreiecke. Das vordere Dreieck besteht aus den zwei Sitzbeinhöckern und dem Schambein. Das hintere Dreieck besteht aus den zwei Sitzbeinhöckern und dem Steissbein.
  Ziehe nun (am besten im Sitzen) deine Sitzbeinhöcker vorsichtig (das heisst ohne die grossen Gesässmuskeln) zueinander. Beobachte, du kannst dies auf zwei Arten anstellen: entweder mit mehr Aktivität im vorderen Dreieck oder mit mehr Aktivität im hinteren. Also einmal ziehst du die Sitzbeinhöcker in Richtung Vaginaöffnung zueinander und das andermal in Richtung After. Achte darauf, wie sich die Kraft in deinem Beckenboden beim erstenmal mehr im vorderen Bereich und beim zweiten Mal mehr im hinteren Bereich aufbaut. Arbeite besonders da, wo du die grössere Beckenbodenschwäche vermutest. Bei den meisten Frauen ist dies im vorderen Dreieck. Ausnahme: bei Frauen mit Stuhlinkontinenz.

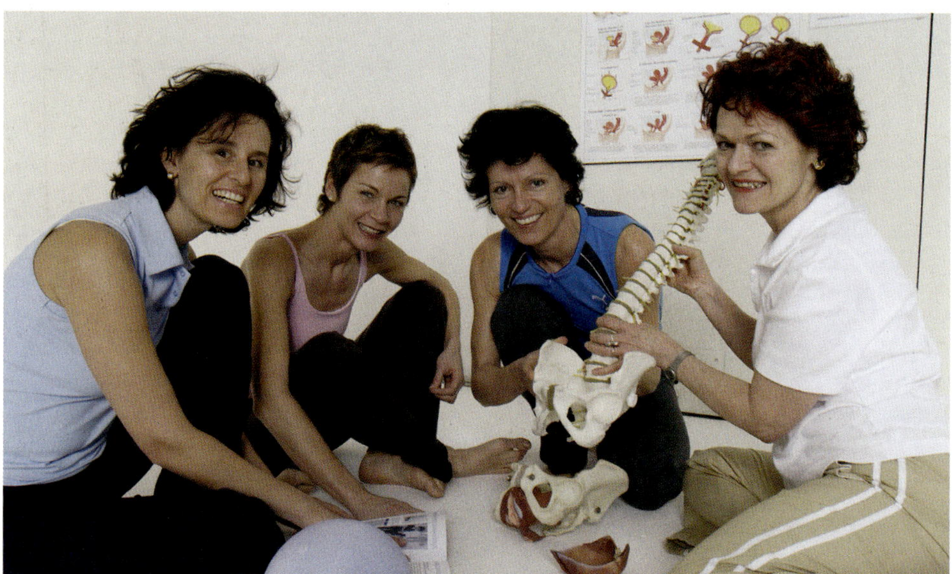

Innere Beckenboden-muskelschicht

Die innerste Beckenbodenschicht ist die grösste und kräftigste. Sie besteht aus einer fächerförmigen Muskelplatte, als den inneren Hauptmuskel bezeichnet, und aus zwei Muskelpaaren. Diese innerste Schicht ist von der Verlaufsrichtung hauptsächlich eine Längsschicht. Sie ist so gross, wie wenn du mit deinen Händen eine Schale formst.

Innerer Hauptmuskel

Den inneren Hauptmuskel hast du bereits in den gestrigen Übungen wahrgenommen, nämlich beim Beckenboden in den Körper hineinziehen. Wenn du dir nochmals die Illustration der mittleren Schicht anschaust, siehst du, dass du im hinteren Anteil gar keine mittlere Schicht hast. Bei der Übung aber doch auch ein deutliches Heraufkommen des hinteren Teils und des Afters gespürt hast.

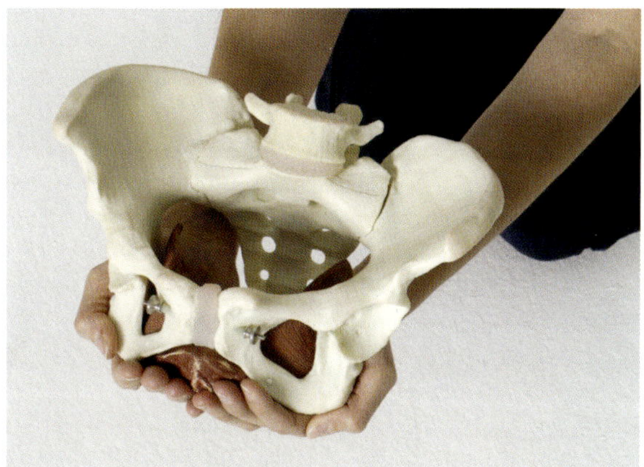

Die innere Muskelschicht entspricht der Grösse unserer Hände

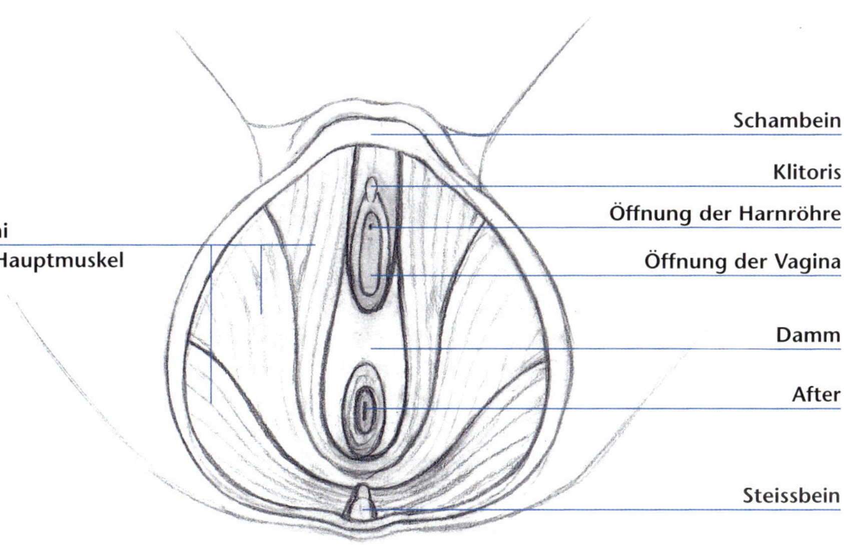

Der lateinische Name des inneren Hauptmuskels **Levator ani** verrät, dass er am Heraufziehen beteiligt ist. Levator = Lift oder Heber, ani = After – also Levator ani = der After Heber.

Der innere Hauptmuskel bildet auch drei Schlingen. Eine verläuft um den Darm. Diese hilft den Darmausgang zu verschliessen. Wenn du mit dem Bild arbeitest „halte Luft (Wind) zurück" (2. Tag) und beobachtest, was da passiert, spürst du, wie sich abgesehen vom Afteranspannen auch ein paar Zentimeter weiter drin in deinem Darm etwas mit anspannt und so den Darm verschliesst. Das ist diese Schlinge um den Darm. Sie ist mit sensiblen Nerven ausgestattet, welche dir bei Drang melden was kommt. Dank diesen Nerven in der Muskelschlinge spürst du, ob Luft, flüssiger oder fester Stuhl unterwegs ist. Probleme treten auf, wenn diese Nerven bei einer Geburt oder Operation verletzt wurden. Dann stimmt die Meldung, ob und was kommt nicht mehr.
Eine verspannte Muskelschlinge kann zu Verstopfung führen. Denn der Darm wird mit dieser Schlinge nach vorne zum Schambein gezogen – was ja als Verschluss ganz gut ist – aber beim Stuhlgang sollte sie loslassen, damit der Darminhalt passieren kann.
Die andern Schlingen verlaufen vom Schambein aus um die Vagina und vom Schambein aus um die Harnröhre.
Alle diese Schlingen ziehen bei Druckveränderungen im Bauchraum nach vorne zum Schambein, so dass die Druckwelle vom Kreuzbeinknochen abgefangen wird – und nicht von Gebärmutter, Darm und Blase. Sie haben eine wichtige Funktion beim Schutz vor unnötigen Druckbelastungen und beim Verschliessen von Harnröhre und Darm.

Zwei Muskelpaare
Die beiden Muskelpaare (M. piriformis, M. obturator internus) sind mit dem Hauptmuskel (M. Levator ani) in Verbindung. Sie verlassen das Becken und verlaufen zum Oberschenkelknochen, nahe des Hüftgelenks. Sie sind für die Aussenrotation (Auswärtsdrehung) im Hüftgelenk zuständig.

Beckenbewegen im Sitzen
Die innerste Muskelschicht liebt Beckenbewegungen. Probiere folgendes aus:
Setz dich aufrecht hin, am besten auf einen harten Stuhl und rolle auf den Sitzbeinhöckern ein paar Mal vor und zurück. So bewegt sich dein Becken, dein Oberkörper bleibt dabei möglichst ruhig. Versuche dann auch dein Becken kreisen zu lassen.

Beckenbewegen im Stehen
Die Knie sind locker und ein wenig gebeugt – nur so lässt sich das Becken gut bewegen. Im Stehen ist es schwieriger, da keine helfenden Sitzbeinhöcker spürbar sind. So achte dich auf dein Schambein und bewege es in Richtung Bauchnabel. Dein Oberkörper bleibt dabei ruhig. Nun achte auf dein Steissbein und bewege es nach hinten. Stell dir ein kleines Auge auf deinem Steissbein vor, welches hinten rausschauen möchte. Dein Kreuz wird dabei hohl. Bei Rückenproblemen führst du die Bewegungen nur so gross aus, dass du keine Beschwerden hast.
Turne die Beckenbewegungen ein paar Mal im Wechsel vor und zurück und lasse dann dein Becken kreisen. Kennst du das Talerschwingen der Appenzeller? Vielleicht hilft dir dieses Bild dein Becken zu bewegen.

Übung mit allen drei Muskelschichten

Versuche jetzt alle Muskelschichten zu aktivieren. Die äussere Schicht, indem du den After verschliesst und unter den Schamlippen anspannst. Die mittlere Schicht, indem du den Beckenboden in dich hineinziehst und die Sitzbeinhöcker zueinanderziehst. Nun hast du eine starke Spannung erreicht. Atme weiter! Durch das kraftvolle Hochziehen ist auch die innerste Schicht mit dabei. Bewege mit dieser Spannung dein Becken einmal nach vorne (Schambein in Richtung Nabel) und einmal nach hinten (Steissbein hinten rausstrecken). Loslassen, Pause machen.

Tagestipps

- Bewege dein Becken im Sitzen und Stehen häufig vor und zurück, zur Seite und im Kreis herum. Versuche dies auch mit einer Beckenbodenspannung (10- bis 20-mal pro Tag).

Wahrnehmungsübung für Fortgeschrittene:

- Beobachte beim Beckenbewegen ob dein Beckenboden in gewissen Positionen der Bewegungen von sich aus mit anspannt.

Aufgaben des Beckenbodens

Auf deiner „Entdeckungsreise“ förderst du deinen Beckenboden, um alle seine Aufgaben gut wahrnehmen zu können. Das Ziel ist nicht, mit einem dauergespannten Beckenboden durchs Leben zu gehen. **Wach sein, reflektorisches Gegenhalten und Loslassen sind seine Hauptaufgaben.** Ohne diese Elastizität ist dein Beckenboden schlaff, reaktionslos oder verspannt.

Wach sein

Dein Beckenboden soll dank verschiedenster Übungen gekräftigt und gut durchblutet werden, so dass sein Grundtonus, das heisst die Grundspannung in der Muskulatur aktiviert ist und er sich im richtigen Moment von sich aus anspannt. Das bezeichnen wir als einen „wachen“ Beckenboden.

Reflektorisches Gegenhalten

Wenn du vor Freude in die Luft springst (aber auch beim Husten, Niesen etc.), schnellt der Bauchraumdruck bei der Landung hoch. Der Beckenboden spannt sich spontan an, um diesem Druck gegenzuhalten. Dies wird als **reflektorisches Gegenhalten** bezeichnet. Optimalerweise soll dein Beckenboden immer so wach sein, dass er sich im richtigen Moment anspannt. Versuche es mit Husten. Spürst du, dass sich dein Beckenboden von selbst anspannt? Leg eine Hand auf deinen Damm und beobachte es so nochmals.

Loslassen

Eine weitere Aufgabe des Beckenbodens ist das Loslassen, das heisst Spannung mindern, Platz machen, zur Seite gehen, was aber nicht mit schlaff werden zu verwechseln ist. Das Loslassen geschieht täglich beim Wasserlösen und beim Stuhlgang. Hat eine Frau Mühe damit, kann Verstopfung die Folge sein. Beim Geschlechtsverkehr ist das Loslassen, das Lockern der Vagina, in der Phase des Peniseintritts wichtig. Doch während des sich Liebens, ist es für beide spannend, wenn der Beckenboden aktiv ist.
Bei der Geburt ist Loslassen und Platz machen das zentrale Thema.

„Arbeite ich wirklich mit meinem Beckenboden?“

Hast du dir in den letzten Tagen diese Frage gestellt? Versuche auf die verschiedensten Arten mit deinem Beckenboden bewusst in Kontakt zu kommen. Denn es ist schade, wenn du an der Richtigkeit deines Trainings zweifelst. Probiere, um Sicherheit zu erlangen, folgende Wahrnehmungstests aus.

Spiegelkontrolle

Suche dir dafür eine bequeme Position auf dem Sofa oder Bett, wo du dich auf deinen Ellbogen zurücklehnen kannst. Schaue mit einem Spiegel deinen Beckenboden an.
Spanne und löse deine Beckenbodenmuskeln und beobachte, was äusserlich sichtbar ist und was du innerlich wahrnimmst. Siehst du wie dein After sich anspannen kann, wie er eng wird und etwas in dich hinein kommt? Wie sich auch dein Damm etwas hinein und minimal auch nach vorne bewegt? Beobachte auch das Loslassen. Die Aktivität unter den Schamlippen ist nicht oder nur gering sichtbar.

Tag 6

Fingerkontrolle/Partnerkontrolle

Zur Kontrolle ob du wirklich mit den Beckenbodenmuskeln arbeitest, kannst du dir einen oder zwei Finger in deine Vagina einführen und dann anspannen. Wenn du Aktivität am Finger wahrnimmst, spannst du die Beckenbodenmuskeln richtig an. Ist der Beckenboden noch schwach, ist die Spannung nur äusserst minim oder nicht spürbar. Kontrolliere auch das Loslassen mit dem Finger.

Eine gute Beckenbodenkraft hast du, wenn du die Spannung um deinen Finger während 3 bis 5 Sekunden deutlich spürst.

Frag deinen Partner beim Geschlechtsverkehr, ob er dein Anspannen wahrnehmen kann (es ist jedoch nicht bei jeder Frau spürbar). Wenn er die Spannung spürt, arbeitest du mit deinem Beckenboden.

Führe dieselben Tests auch nach einigen Monaten Training durch und du wirst einen Unterschied wahrnehmen.

Dieser Anspannungstest mit dem Finger in der Vagina (oder beim Geschlechtsverkehr das Feedback deines Partners) gibt dir Vertrauen und Sicherheit, dass du dein Beckenbodentraining richtig durchführst.

Tagestipps

- Kontrolliere das Anspannen und Loslassen mit Finger und Spiegel
- Wie wäre es heute mit einem warmen Bad? Da lässt sich ganz entspannt alles Versteckte erforschen.
- Spanne deinen Beckenboden über den Tag verteilt 10- bis 20-mal an und bewege dazu dein Becken (so wie gestern).

Testwiederholung für Fortgeschrittene

- Mach den Fingertest und vergleiche deine Wahrnehmung mit der vor ein paar Monaten. Bist du kräftiger geworden?

Was den weiblichen Beckenboden vom männlichen unterscheidet und wie du deine Beckenbodenarbeit über andere Körperregionen unterstützen kannst, sind die heutigen Themen.

Von allen Menschen, die wegen eines nicht gut funktionierenden Beckenbodens Probleme haben, sind die Mehrheit Frauen, doch die Männer holen auf.

Männer

An den BeBo® Kursen sind alle Teilnehmer Frauen. Auch dieses Buch wendet sich an die Frau. Das heisst aber nicht, dass der Beckenboden für Männer kein Thema ist. Erektionsschwierigkeiten, Rückenbeschwerden, Prostataprobleme, Hämorrhoiden, Stuhlinkontinenz, Urininkontinenz nach Prostataoperationen und anderes könnten präventiv oder zur unterstützenden Therapie durchaus mit Beckenbodentraining angegangen werden. Die Übungen aus diesem Buch können weitgehend auch von Männern ausgeführt werden. Die Illustration des männlichen Beckenbodens zeigt, wie dieser in direkter Verbindung mit dem Penis ist.

Unterschied Frau/Mann

Das weibliche Becken ist geräumiger, weiter und auch die knöcherne Beckenöffnung ist ein Stück grösser als beim Mann. So hat es die männliche Beckenbodenmuskulatur einfacher einen stabilen Boden zu schaffen.

Die Frau hat im Bereich des Beckenbodens drei Öffnungen, der Mann nur zwei. Die Vagina, eine lockere und weiche Öffnung, trägt sicher nicht gerade zur Stabilität bei.

Auch die weiblichen Hormone haben einen direkten Einfluss auf das Gewebe. Sei dies während des monatlichen Zyklus oder in der Menopause (siehe

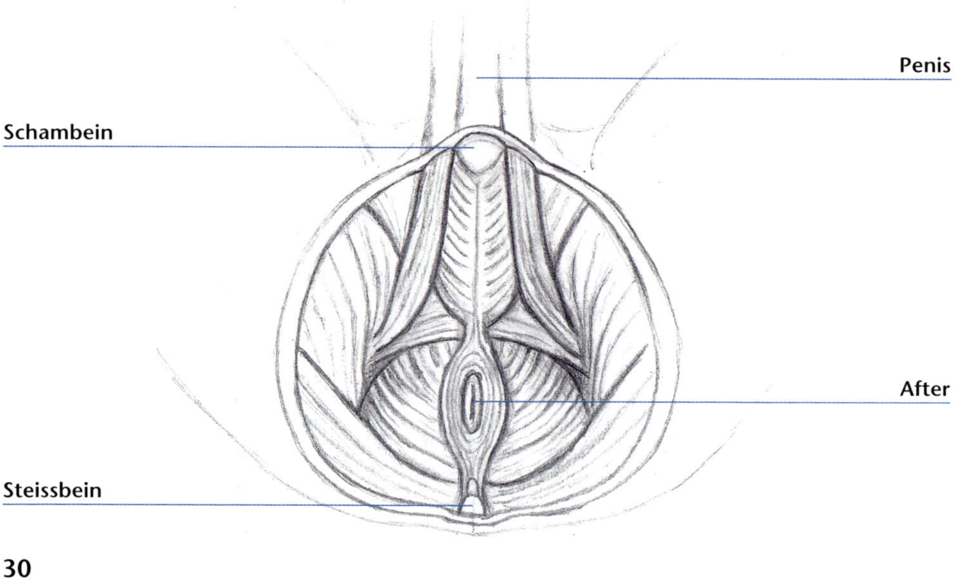

39.–41. Tag). Die Männer haben einen anderen und konstanteren Hormonhaushalt, was der Festigkeit des Gewebes zu gute kommt.

Auch die Aufgaben der weiblichen Beckenbodenmuskulatur sind anspruchsvoller und vielfältiger (z.B. Geburt).

Du siehst, damit der Beckenboden nicht unnötig schwächer wird, müssen wir Frauen ihm besonders Sorge tragen. Mit der Entdeckungsreise bist du dazu auf dem richtigen Weg. Bereichere dein Beckenbodentraining mit dem Erleben der folgenden Wechselbeziehungen.

Wechselbeziehung des Beckenbodens mit anderen Körperregionen

Folgende Körperregionen gehören dazu: das Gebiet zwischen den Augenbrauen und um die Augen herum, das Gebiet zwischen den Schulterblättern und das Gebiet des Kiefers und des Gaumens.

Wird eine dieser Körperregionen aktiviert oder entspannt, reagiert der Beckenboden darauf. Auch umgekehrt ist diese Wechselbeziehung wahrnehmbar.

Wahrnehmungsübung Wechselbeziehung mit der Augenpartie

- *Probiere es aus. Setze dich aufrecht hin und arbeite bewusst mit deiner äussersten Beckenbodenschicht, spanne spielerisch mit den Öffnungen und unter deinen Schamlippen. Beobachte ob du dabei spürst, wie sich deine Augenbrauen etwas zusammenziehen und wie du etwas grimmig und starr dreinschaust. Umgekehrt geht es auch. Schau mal richtig grimmig drein, mit zusammengekniffenen Augenbrauen – so fällt es dir leichter, deine äussere Schicht zu spüren.*

Wechselbeziehung mit der Schulterblattregion

- *Wenn du in der Brustwirbelsäule aufgerichtet bist, ist das Gebiet zwischen den Schulterblättern, wie auch der Beckenboden aktiviert. In einer krummer Haltung nicht. Um dies zu erspüren, spannst du deinen Beckenboden kraftvoll an. Halte diese Spannung ein paar Sekunden und geh dann in eine Buckelhaltung – werde richtig krumm und bücke dich in Richtung Boden. Spürst du, wie sich deine Beckenbodenspannung davon schleicht? Vielleicht verlierst du die Spannung sogar ganz. Das heisst für dich, sobald du in einer schlechten Körperhaltung verweilst, hat dein Beckenboden weniger Kraft. Also überall, wo du von deinem Beckenboden erwartest, dass er dir im Alltag hilft, solltest du in einer aufrechten Haltung sein.*

Das Beckenbodentraining beginnt mit der Aufrichtung in der Wirbelsäule. Also mit der korrekten Körperhaltung.

Beobachte in welcher Haltung du beim Husten und Niesen bist. Die meisten werden dabei rund im Rücken sein und stehlen somit ihrem Beckenboden die Kraft, welche er zum Abfangen der Husten-/Nies-Druckwelle braucht. So verlieren viele Frauen beim Husten/Niesen Urin. Achte also dabei auf eine aufrechte Haltung. So kann dein Beckenboden seine Kraft richtig einsetzen und ist vor schädigenden Druckwellen geschützt.

Schütze deinen Beckenboden: Bleibe aufrecht beim Husten und Niesen, wie auch in allen Situationen wo der Beckenboden arbeiten soll.

Wechselbeziehung mit der Kieferregion

- *Der Beckenboden steht auch mit dem Gebiet von Kiefer und Gaumen in Verbindung. Nach einer kraftvollen Beckenbodenanspannung ist das bewusste Kieferlockern sehr zu empfehlen, um somit auch den Beckenboden wieder zu entspannen. Lass deinen Kiefer einmal richtig runterhängen, mache ein langweiliges Gesicht und seufze oder sag ein paar Mal ein möglichst breites „baaa, baaa baaa …“*

Tagestipps

- **Bleibe beim Husten und Niesen aufrecht.**
- Spanne deinen Beckenboden im Sitzen und Stehen über den Tag verteilt um die 20-mal für ein paar Sekunden an und beobachte dabei die Wechselbeziehung des Beckenbodens mit den Körperregionen zwischen den Augen, zwischen den Schulterblättern und dem Kiefer.
- Lasse nach Beckenbodenanspannungen deinen Kiefer locker. Am besten geht dies mit seufzen, gähnen oder *„baaa, baaa baaa …“* sagen.

Wechselbeziehung wahrnehmen für Fortgeschrittene

- Versuche mit geschlossenen Augen deine Augenmuskeln möglichst zu entspannen. Am besten deckst du deine Augen mit den Händen ab, so dass komplette Dunkelheit herrscht. Wenn deine Augen entspannt in den Augenhöhlen ruhen, spannst du deinen Beckenboden an. Spürst du, wie sich deine Augenmuskeln ebenfalls mitanspannen?
- Versuche es umgekehrt. Entspanne deinen Beckenboden und spanne nun deine Augen und dein ganzes Gesicht fest an, raffe alles zusammen und beobachte was nun dein Beckenboden macht.

„Was ist eine Inkontinenz?"

Wenn der Beckenboden seine Aufgaben nicht mehr richtig wahrnimmt, kann das zu verschiedenen Problemen führen. Eines dieser Probleme ist die Inkontinenz. Wir sprechen von Inkontinenz, wenn Urin, Stuhl oder Wind weggeht, ohne dass dies gewollt ist.
Inkontinenz ist bei weitem kein Altersproblem: Bereits 15% der 30 bis 40 jährigen Frauen leiden darunter. In der Altersgruppe der 40 bis 50 jährigen Frauen sind es schon 25%. Je älter die Frauen werden, desto grösser wird der Prozentsatz der Inkontinenzbetroffenen. (Angaben vom Frauenspital Bern, Schweiz)

Bis zu zwei Drittel aller betroffenen Frauen geben an, dass sie ihre sozialen Aktivitäten zum Teil erheblich einschränken und somit zunehmend in die Isolation geraten. Dazu kommt, dass es heute immer noch peinlich ist darüber zu sprechen. Es ist noch immer ein gesellschaftliches Tabuthema.

Mit Beckenbodentraining können bei Harn- und Stuhlinkontinenz sehr gute Erfolge erzielt werden. Dies beweisen die Erfahrungen, welche hunderte unserer Kursabsolventinnen machten. Vorausgesetzt wird jedoch eine aktive Mitarbeit der betroffenen Frau. Mit unseren Kursen und diesem Buch wollen wir BeBo® Kursleiterinnen den Frauen eine aktive Hilfe und Motivation zur Lösung des Inkontinenzproblems geben. Unser grösstes Anliegen ist jedoch die Prävention. Bereits sehr junge Frauen sollten ihren Beckenboden kennen, ihn fit halten und wissen welche Situationen ihn überfordern und wie sie in schützen können.

Belastungsinkontinenz (Stressinkontinenz)

Von allen möglichen Formen der Inkontinenz kommt die Belastungsinkontinenz am häufigsten vor. Plötzliche Druckveränderungen im Bauchraum, wie beim Husten, Niesen, Hüpfen, Tennis, Highimpact-Aerobic, Bergabgehen, schwer Heben, Rennen, usw. müssen vom Beckenboden abgefangen werden. Wenn dieser schwach oder gar nicht reagiert, verliert die Frau wegen eines ungenügenden Verschlusses der Harnröhre Urin. Urinverlust ist am verbreitetsten. Es kann aber auch Wind oder Stuhlgang sein. Als erstes zeigen wir die Urin-Belastungsinkontinenz auf.
Viele Frauen erleben als erstes Zeichen einer Belastungsinkontinenz, dass sie bei Erkältung jeweils beim Husten und Niesen kleine Spritzer Urin verlieren. Weiter geht es, indem Urin mehrmals pro Woche oder sogar täglich weggeht und dies nicht nur beim Husten und Niesen, sondern auch beim Joggen, Aerobic und im Alltag beim Heben und Laufen ...

Die Harnröhre hat eigene Verschlussmuskeln. Sie sind immer angespannt und lassen nur zum Wasserlösen los. Bei grösseren Druckveränderungen im Bauchraum spannt sich der Beckenboden reflektorisch an und hilft so die Harnröhrenverschlussmuskeln dicht zu halten. Denn diese Muskeln sind bei Druckveränderungen häufig nicht stark genug und schaffen es ohne Hilfe des Beckenbodens nicht. Wenn der Beckenboden schwach wird, verpasst er seinen Einsatz, oder seine Hilfe fällt zu schwach aus. So stehen die Harnröhrenschliessmuskeln auf verlorenem

Posten. Zum Teil sind sie auch in ihrer Arbeit eingeschränkt, weil die Harnröhre sich in ihrer Lage veränderte. Dies geschieht häufig im Zusammenhang mit einem schwachen Beckenboden.

Ursachen einer Belastungsinkontinenz
Eine Belastungsinkontinenz entsteht aus mehreren Faktoren. Mögliche Ursachen sind:

- **Muskelschwäche**
- **Überbelastung im Alltag:**
  - Ausführen schwerer körperlicher Tätigkeit in falscher Haltung
  - Pressen infolge Verstopfung
  - Chronischer Husten
  - Schlechte Körperhaltung
  - Häufiges und langes Stehen
  - Schlechte Atmung
  - Beckenbodenbelastendes Bauchmuskeltraining
- Verminderter Spannungszustand des Gewebes bei Östrogenmangel
- Einnahme von Medikamenten, die den unfreiwilligen Harnabgang begünstigen
- Starkes Übergewicht (v.a. bei schlechter Haltung)
- Vorausgegangene Geburt/en
- Schwaches Bindegewebe

„Was kann ich gegen eine Belastungsinkontinenz unternehmen?"
Beginne die zwei erst genannten Ursachen einer Belastungsinkontinenz zu ändern. Das heisst **mehr Kraft** erlangen, um die Muskelschwäche aufzuheben und **die Alltagssituationen so anzupassen, dass diese den Beckenboden nicht unnötig belasten.** Da dies sehr wichtig ist und du es selbstständig in die Tat umsetzen kannst, werden wir in diesem Buch ausführlich darauf eingehen. Das gezielte Kräftigen werden wir dir gleich aufzeigen und viele heikle Alltagssituationen in den nächsten Wochen genau unter die Lupe nehmen.
Was die Schulmedizin zusätzlich anbietet, ist Thema der Tage 44 und 45.

Kräftigen – Das Basisprogramm

Die drei Variationen des Beckenbodentrainings
Bei den Aufgaben der letzten Tage empfahlen wir dir, deinen Beckenboden 20-mal täglich anzuspannen. Nun, da du dich bereits etwas mit deinem Beckenboden auseinandergesetzt hast, werden die Übungsempfehlungen konkreter.

Um das Beckenbodentraining einfach und klar aufzeigen zu können, teilen wir die Trainingsmöglichkeiten in drei Varianten ein. Diese bezeichnen wir als Variante A = Becken bewegen, Variante B = Beckenboden rhythmisch anspannen und loslassen und Variante C = Beckenboden dauerspannen.

A Becken bewegen
Bewege dein Becken, das kann ein langsames bis zackiges Vor- und Zurückbewegen oder ein Kreisen deines Beckens sein, ohne zusätzliche willentliche Anspannung der Beckenbodenmuskeln. Mit der Zeit kannst du auch eine liegende Acht oder ein seitliches Hochbewegen deines Beckens ausprobieren.
Mach dies immer wieder über den Tag verteilt, nach Lust und Laune. Bei den meisten Frauen gilt: je mehr desto besser. Über diese Übung ist meistens auch der Rücken glücklich, da er dabei schön durchbewegt und besser durchblutet

wird. Du kannst dieses Bewegen in allen Stellungen (Stehen, Sitzen, Liegen, auf allen Vieren...) ausführen. Achte darauf, dass du immer schön locker in den Knien bleibst. Erinnert es dich an einen Bauchtanz? Bauchtanzen ist wunderbar, um den Beckenboden fit zu halten. Leg deine Lieblingsmusik auf und tanze aus dem Becken heraus durch die Zimmer.

B Beckenboden rhythmisch anspannen und loslassen

Beckenbodenmuskeln für 3 bis 5 Sekunden anspannen, dann 6 bis 10 Sekunden loslassen und entspannen. Mach dies über den Tag verteilt, so dass du insgesamt **50 bis 100 Anspannungen pro Tag** erreichst.

Das sieht nach sehr viel aus. Lass dich nicht unter Druck setzten. Starte mit so vielen Anspannungen wie du magst und steigere dann langsam in den nächsten Tagen und Wochen. Frauen, die bereits an einem schwachen Beckenboden leiden, sollten mit der Zeit auf 100 oder sogar mehr Anspannungen kommen.

Wenn du über eine gute Beckenbodenkraft verfügst (Fingerkontrolle: du spürst während ein paar Sekunden eine gut wahrnehmbare Beckenbodenanspannung) reichen ein paar (10 bis 30) Anspannungen pro Tag um die Kraft zu erhalten.

- Je nach Situation arbeitest du, um die Spannung zu verstärken, auch mit dem Sitzbeinhöckerzusammenziehen. Bist du aber zum Beispiel gerade im Bus und arbeitest bei jeder Anspannung mit deinen Sitzbeinhöckern mit, wird sich dein Sitznachbar wundern. Denn jedes Mal, wenn du mit den Sitzbeinhöckern mitarbeitest, wirst du ein wenig grösser, da sich die Muskeln über den Sitzbeinhöckern mit anspannen. Beim Loslassen wirst du wieder kleiner.
- Je nach Situation kannst du dein Becken während der Anspannung bewegen (wie bei der Variante A beschrieben). Dies gibt Dynamik in die Anspannung. In der Warteschlange im Laden ist die Beckenbewegung vielleicht nicht angebracht!

Optimal ist, wenn du beim Anspannen ausatmest und beim Loslassen einatmest. Die Atmung im Allgemeinen und wieso bei der Anspannung ausgeatmet werden soll, besprechen wir am 17. Tag.

C Beckenboden dauerspannen

Spanne die Beckenbodenmuskeln kräftig an und halte die Spannung während ein paar Atemzügen. Dazu kannst du das Becken bewegen, ruhig sitzen oder stehen bleiben. Egal was du gerade machst, versuche ob du während ein paar Atemzügen deinen Beckenboden gespannt halten kannst. **Wichtig: Atme weiter!**

So spürst du, ob die Spannungsdauer für dich richtig war:

Am Ende der Anspannung lässt du diese langsam hinausfliessen. Wenn du dabei wahrnehmen kannst, wie dein Beckenboden wieder entspannt hinunter kommt, war die Spannungsdauer gut. Wenn du aber nur noch merkst wie Gesäss, Bauch und Rücken wieder weich werden und du vom Beckenboden nichts mehr spürst, war die Spannung zu lang.

Übungspositionen

Die Übungsvarianten A, B und C kannst du in sämtlichen Positionen ausführen. Starte in der entsprechenden Position jeweils mit der Variante A – dem Becken bewegen und gehe dann in die Variante

B – dem rhythmischen Spannen/Loslassen über und als Abschluss noch eine Variante C – eine Dauerspannung während ein paar Atemzügen. Oder wähle eine Abfolge, wie es dir entspricht. Vergiss am Ende der Übungen nicht, den Beckenboden zu entspannen! Unterstütze ihn beim Entspannen, in dem du seufzt und bewusst deinen Kiefer locker und weich werden lässt.

Probiere folgende Positionen aus:

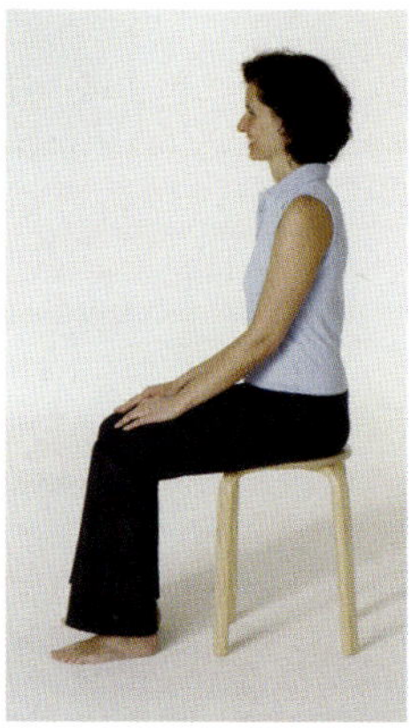

im Sitzen auf einem Stuhl

im Sitzen am Boden

in Rückenlage mit gestreckten Beinen

Integriere das Üben in deinen Alltag – erkenne Wartesituationen und nütze diese für dein Beckenbodentraining aus.

in Rückenlage mit aufgestellten Beinen

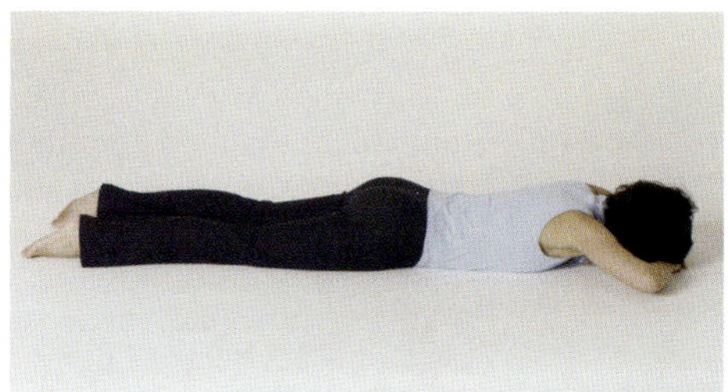

in Bauchlage

in Seitenlage

in der Knie-Ellbogen Lage

auf allen Vieren

Gedankliches Training

Auch ein mentales Training hilft. Denn bereits die Vorstellungskraft kann einen Trainingserfolg bringen. Vor oder nach der eigentlichen Anspannung kannst du die jeweilige Übung ein- zweimal gedanklich durchführen.

Tagestipps

- Probier die Übungsvarianten A (so häufig du magst), B (20- bis 30-mal) und C 1-mal täglich.
- Mache diese Übungsvariationen auch in Bauch- Rücken- und Seitenlage. Die Ausführung ist gleich wie im Sitzen und im Stehen, doch wirst du den Beckenboden jeweils unterschiedlich wahrnehmen. Einige Frauen finden es einfacher im Liegen, andere in der aufrechten Position – probier es aus.
- Ein gedankliches Anspannen und Loslassen unterstützt dein Beckenbodentraining.

Kontrolle für Fortgeschrittene:

- Achte bei der Variante C – der Dauerspannung – auf deine Bauch-Atmung. Kannst du die Atmung bis in den Bauchraum wahrnehmen und doch noch eine gute Beckenbodenspannung halten? Du kannst die Atembewegung mit deinen Händen auf dem Bauch kontrollieren.

Überaktive Blase/ Dranginkontinenz

Was ist unter den Bezeichnungen **schwache Blase, Reizblase, hyperaktive Blase** zu verstehen? Bei diesen drei Ausdrücken handelt es sich immer um dasselbe Leiden, wovon sehr viele Frauen (und auch Männer) betroffen sind. Sie verspüren häufiger als normal das Bedürfnis Wasser zu lösen. Dieses Bedürfnis, dieser Drang ist meistens sehr stark, sogar „giftig" bis schmerzhaft. Betroffene gehen immer wieder auf die Toilette, obwohl die Blase noch nicht annähernd gefüllt ist. Die Toilette wird zum Teil nur noch mit grösster Not erreicht. Die Angst sich nass zu machen ist gross. Wenn die Betroffenen es nicht mehr schaffen trocken die Toilette zu erreichen, dann wird von einer **Dranginkontinenz** oder auch **Urgeinkontinenz** gesprochen.

Überaktive Blase und Dranginkontinenz sind in erster Linie Probleme der Blase. Doch die Blase lässt sich über einen guten Beckenboden beruhigen. Oft haben von Dranginkontinenz Betroffene einen schwachen Beckenboden. Weiter gibt das Anspannungsvermögen eines kräftigen Beckenbodens Sicherheit, wenn im falschen Moment eine Blasenentleerung droht.

Eine normale gesunde Blase fasst zirka $5^1/_2$ dl, so dass bei einer Blasenentleerung Urinportionen von etwa 3 bis 5 dl gemessen werden können. Wenn Frauen mit einer hyperaktiven Blase ihre Urinportionen messen, erreichen sie meistens keine 3 dl. Häufig suchen sie schon wegen $^1/_2$dl die Toilette auf.

Ursachen einer überaktiven Blase oder Dranginkontinenz

Oft wissen die Ärzte/innen nicht, wieso eine überaktive Blase, aber auch die Dranginkontinenz entsteht. Dünne, empfindliche Schleimhäute, infolge eines tiefen Östrogenspiegels, sind eine mögliche Ursache. Oft ist es auch ein zu häufiges Blasenentleeren aus Angewohnheit oder wegen körperlicher und seelischer Belastung – psychischer Druck kann auch Druck auf der Blase sein.

Wichtig ist, dass eine überaktive Blase oder Dranginkontinenz ärztlich abgeklärt wird, und chronische Blasen-, Harnröhren- und Schleimhautentzündungen, aber auch Blasensteinleiden, Blasensenkung oder anderes ausgeschlossen werden.

In den nächsten Tagen zeigen wir auf, was du gegen eine schwache Blase und Dranginkontinenz tun kannst, oder, noch wichtiger, was du präventiv unternehmen kannst, um gar nie eine entstehen zu lassen.

Blase und Harnröhre

Ein altes chinesisches Sprichwort sagt:

„die Blase ist der Spiegel der Seele".

Beginne mit dem Kennenlernen der Blase und der Harnröhre: Die Blase liegt direkt hinter dem Schambein. Du spürst sie deutlich, wenn du oberhalb des Schambeins den Daumen in den Bauch drückst. Sie reagiert auf diesen Druck mit Harndrang.

Der **Blasen-Körper**, der eigentliche Harnbehälter, ändert seine Form und seine Lage je nach Füllungszustand.

Die beiden Harnleiter kommen von den Nieren her und münden hinten unten in die Blase. Diese Stelle wird als Blasen-Fundus bezeichnet. Der Blasen-Hals ist der Übergang in die Harnröhre. Die Blasenmuskulatur können wir nicht willentlich anspannen. Sie erhält über das vegetative Nervensystem im richtigen Moment den Impuls, sich anzuspannen und den Urin durch die Harnröhre auszuscheiden.

Die Harnröhre ist 2 bis 4 cm lang und verläuft ziemlich senkrecht. Sie ist innen mit Schleimhaut ausgekleidet, aussen von Muskelfasern umgeben. Während der Blasenfüllung sind diese Muskelfasern angespannt, und somit ist die Harnröhre geschlossen. Damit die Harnröhre dicht bleibt, ist es wichtig, dass sie gestreckt ist. Das ist der Fall, wenn die Blase an ihrem angestammten Platz verbleibt. Dies wiederum ist grossenteils davon abhängig, ob die Beckenbodenmuskeln fit sind und die blasenfixierenden Bänder die Blase an ihrem Platz halten können.

Das Wasserlösen

Der Wasserlösmechanismus (=Miktionszyklus) läuft in vier Schritten ab.
Du bist, bis auf die kurzen Momente auf der Toilette, die ganze Zeit in der **Füllungs- und Speicherphase.**
Während der **Füllungs- und Speicherphase** sind die Muskeln der Blase entspannt. Wenn die Blase zirka zur Hälfte voll ist, signalisieren Impulse das Gefühl des ersten Harndranges. Wenn das Volumen weiter zunimmt, löst dies schliesslich den Harndrang aus. In dieser Phase wird durch die Tonuserhöhung des Beckenbodens versucht, den Verschlussdruck der Harnröhre zu erhöhen, um so eine vorzeitige Blasenentleerung zu verhindern.

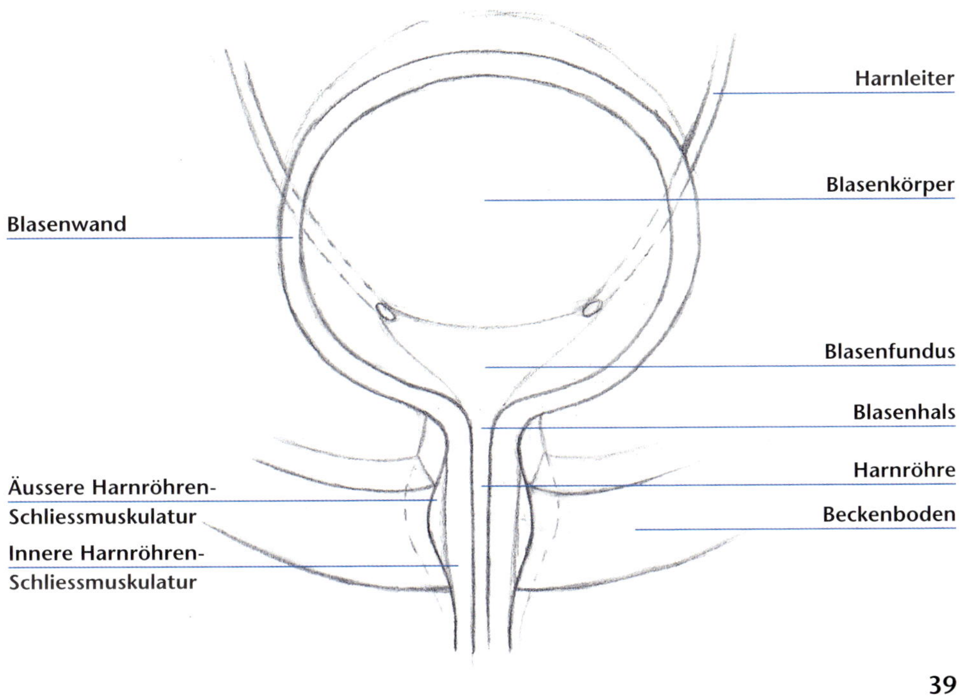

MIKTIONSKALENDER

Datum	Zeit	Trinkmenge Wieviel und was?	Drang Wie stark?	Ungewollter Urin-/Stuhlverlust In welchen Situationen? Wieviel Urin/Stuhl ging ab?	Urinmenge Wieviel dl pro Mal?	Bemerkungen

Wenn der Drang deutlich wird, gehst du auf die Toilette, und hier kommt es zur nur wenige Sekunden dauernden **Eröffnungsphase.** Dabei wird der Übergang von der Harnröhre in die Blase weit. Es kommt zu einer sogenannten Trichterbildung im Bereich des Blasenhalses. Gleichzeitig entspannen sich die Muskeln der Harnröhre und des Beckenbodens.

Nach der Eröffnungsphase beginnt der Blasenmuskel mit seiner Arbeit – er spannt sich an und der Urin fliesst. Das ist die **Entleerungsphase.**

Den Abschluss macht die **Verschlussphase**, der Harnstrom nimmt rapide ab. Die Muskeln der Harnröhre und des Beckenbodens spannen sich wieder an, die Trichterbildung verschwindet. Der Blasenmuskel entspannt sich, und der Miktionszyklus beginnt wieder von vorne.

Miktionskalender

(Miktion = Wasserlösen) Lerne deine Blase besser kennen, und erfahre, ob diese normal oder bereits überaktiv reagiert. Am besten stellst du das so fest:
Führe während 24 Stunden oder länger einen Miktionskalender. Kopiere hierzu den abgebildeten Miktionskalender. Jedes Mal, wenn du zum Wasserlösen auf die Toilette gehst, misst du deinen Urin ab. Nimm dazu einen Halbliter-Messbecher, oder zeichne eine Deziliterskala auf einem grossen Joghurtbecher ein. Am besten wählst du einen Tag, wo du mehrheitlich zu Hause bist. Die gemessene Urinmenge trägst du auf deiner Tabelle ein. Während dieser 24 Stunden notierst du auch deine Trinkmenge und was du getrunken hast (Saft, Alkohol, Mineral, Kaffee...). Unter Bemerkungen kannst du die Intensität deines Harndranges beschreiben und ob du Urin verloren hast.

Tagestipps

- Mach alles bereit um 24 Stunden lang einen Miktionskalender zu führen (Tabelle, Messbecher), wenn du gerade viel unterwegs bist, dann wähle dir nächstens einen Tag aus, wo du viel zu Hause bist.
- Die Auswertung des Miktionskalenders ist das Thema vom 11. und 12. Tag.
- Übe in den verschiedenen Positionen (siehe beim 8. Tag) die Varianten A, B (30-mal) und C.

Wiederhohlung für Fortgeschrittene:

- Führe nochmals einen Miktionskalender und vergleiche ihn mit deinen früheren Messungen.

Richtiges Verhalten auf der Toilette

Wir alle haben unser eigenes Toilettenverhalten. Hast du dir darüber einmal Gedanken gemacht? Hast du dies auch schon mit deiner Freundin, deinem Partner, deiner Mutter ... besprochen? Woher weisst du, dass dein Toilettenverhalten richtig ist? Wir haben das ja nicht in der Schule gelernt.

Falsche Toiletten-Angewohnheiten können den Beckenboden unnötig belasten.

Folgende 4 Verhaltenstipps solltest du auf der Toilette beachten:

1. Bequemes Sitzen mit offenen Beinen

Zuhause machen dies die meisten Frauen, doch auswärts sitzen viele zum Wasserlösen nicht ab. In dieser Kniebeuge-Stehposition ist es für die Blase mühsam den Urin auszuscheiden. Zwar ist ein aufrechtes Stehen zum Wasserlösen die natürlichste Position. Alle Naturvölker lösen im Stehen Wasser. Doch wenn du heutzutage stehend auf der Toilette Wasser löst, tust du dies in der Regel in einer Position mit gebogenen Knien und weit nach hinten gestrecktem Gesäss. So sind die Bein-, Gesäss-, Rumpf- und auch die Beckenbodenmuskeln angespannt,

Optimalste Position zum Wasserlösen

Optimalste Position für den Stuhlgang

und die Blase muss gegen diesen Widerstand des Beckenbodens arbeiten. Die Lage der Blase ist auch nicht optimal, das heisst der Abfluss (die Harnröhre) liegt nicht an der tiefsten Stelle. So kann die Blase häufig nur mit Hilfe von Pressatmung geleert werden, und oft leert sie sich nicht ganz. Eine grössere Restharnmenge bleibt zurück und kann Infekte begünstigen. Also setz dich zum Wasserlösen richtig hin. Wenn es dich ekelt, dann reinige den Toilettenring mit Desinfektionsspray (bekommst du im Taschenformat in der Apotheke) oder lege Papier aus. Fixfertige Toilettenring-Abdeckpapiere (in der Handtasche mitnehmen) gibt es ebenfalls zu kaufen. Damit hast du auch nicht das Problem mit den davonfliegenden Papierstreifen in dem Moment, wo du dich setzt.

Wenn du nun sitzt, achte darauf, dass du dies aufrecht und mit geöffneten Beinen machst. Spüre den Toilettenring unter deinen Schenkeln und bewege dich ein wenig. Zum Wasserlösen ist meistens die aufrechte Haltung gut, für den Stuhlgang ist es eine leicht gerundete Haltung. Dein unterer Rücken sollte nach unten verlängert sein. Das heisst, verlängere deinen Darmausgang in Richtung Wasserspiegel. Vielleicht lehnst du auch mal an den Spülkasten oder an die Wand. Diese Haltung empfinden viele als angenehm. (Siehe Abbildungen S. 42)

2. Zeit nehmen und entspannen
Zuerst findet die Eröffnungsphase statt. Diese dauert einen kurzen Moment. Der Beckenboden und die Harnröhrenverschlussmuskeln lassen los. Also starte nicht gleich mit Pressen, wenn du dich auf die Toilette setzt. Gib deinen Muskeln Zeit sich vom Zurückhalten auf das Loslassen umzustellen. Du kannst ihnen helfen sich zu lösen, indem du mit einem Aaaa ... ausatmest und dein Gesicht entspannst. Andere altbekannte Massnahmen sind bsss, bsss, bsss ... sagen und den Wasserhahn anstellen.

3. Kein Pressen, kein Drücken
Beim Wasserlösen zieht sich der Blasenmuskel zusammen und der Urin wird ausgeschieden = Entleerungsphase. Wichtig: Beginne nicht zu pressen. Das Wasserlösen geschieht allein durch die Kraft der Blase. Um zu kontrollieren, ob du mitpresst, kannst du eine Melodie summen. Sobald du presst, tönt dein Summen auch gleich anders oder erstirbt ganz.
Pressen ist für deinen Beckenboden und die Bänder, welche die Organe (Gebärmutter, Blase etc.) an ihrem Ort fixieren eine enorme Belastung. Frauen die täglich mehrmals pressen, werden über kurz oder lang eine Senkung der Beckenorgane erleiden. (Was eine Senkung ist, besprechen wir am 15. Tag.)
Beim Pressen wird der Kehlkopf verschlossen, das Zwerchfell spannt sich an und wird nach unten verlagert. Die Bauchmuskulatur ist angespannt und der Beckenboden ist entspannt. Dies führt zu einer Verlagerung der Bauchraumorgane nach unten. Der Beckenboden und die ganze Aufhängung (Bänder) der Organe werden stark belastet.
Wenn du ohne Pressen beim Wasserlösen einen sehr dünnen Harnstrahl hast, kann das normal sein. Vielleicht ist deine Blase wegen des Pressens etwas träge geworden und muss sich zuerst wieder gewöhnen, dass sie nicht

mit Pressen unterstützt wird, sondern selber arbeiten muss. Sollte sich dies nach ein paar Wochen nicht bessern, hole ärztlichen Rat.

Presstest

Um die Wirkung des Pressens zu spüren, kannst du dich auf deine Hand setzen, so dass du deinen Beckenboden spürst. Presse nun kraftvoll (zum letzten mal in deinem Leben…) und nimm mit deiner Hand wahr, was passiert. Spürst du, wie sich dein Beckenboden senkt – und mit ihm all deine Organe? Spanne nun deinen Beckenboden an und zieh ihn in dir hoch. Spürst du den Unterschied zwischen hinunter pressen und hochziehen?

Schütze deinen Beckenboden: Vermeide jedes Pressen!
Bei häufigem Pressen kann es mit der Zeit zu einer Senkung der Organe und des Beckenbodens kommen.

Pressen bei der Darmentleerung?

Beim Stuhlgang ist es für viele Frauen unvorstellbar, wie sie dieses „Geschäft“ ohne Pressen erledigen sollen. Doch es geht; das Zauberwort heisst **Schieben**. Der Unterschied zum Pressen: Du kannst beim Schieben noch ausatmen. Am besten gibst du sogar einen Ton von dir, es eignet sich wieder das Aaaa… Während dem Aaaa… schiebst du, und während der Einatmung kannst du deinen Darmausgang sogar ein wenig in dir hochziehen, und mit dem nächsten Ausatmen wieder alles loslassen und mit dem Aaaa… schieben.
Die natürlichste Haltung zur Darmentleerung ist die Hocke. Diese wird auch vom grössten Teil der Weltbevölkerung für die Darmentleerung eingenommen. Wir in den westlichen Ländern haben das Gefühl, wir müssten auf einen Thron sitzen um dieses „Geschäft“ zu tätigen, und viele wundern sich, dass sie verstopft sind.

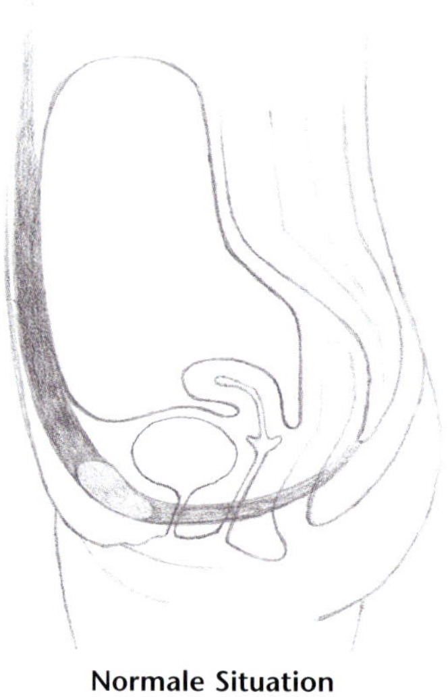

Normale Situation

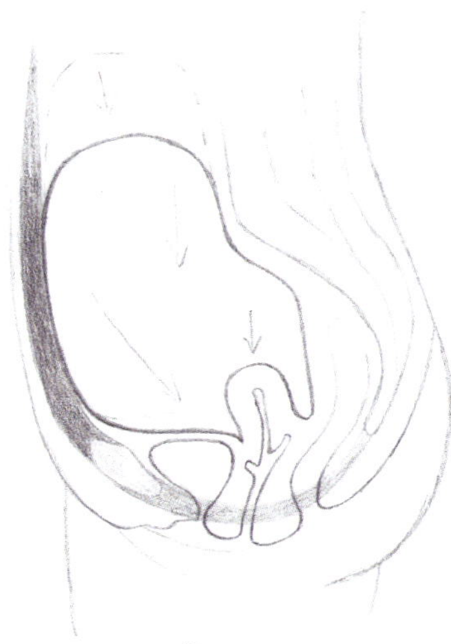

Pressen

Pressen belastet den Beckenboden
Die Organe und der Beckenboden werden beim Pressen nach unten geschoben.

Beobachte während der Darmentleerung, ob du instinktiv deine Füsse auf die Zehen stellst, so dass deine Knie erhöht sind und eine Annäherung an die Hocke entsteht.
Vielleicht stellst du dir etwas unter die Füsse (zwei dicke Bücher oder je einen kleinen Hocker), um die Position zu verbessern und dir den Stuhlgang zu erleichtern.

Genügend trinken, viel Gemüse, Salate und Früchte (z.B. eine Kiwi täglich), immer zur gleichen Zeit auf die Toilette, genügend körperliche Aktivität, etc. sind andere, meist bekannte Tipps. Solltest du doch verstopft sein, zum Beispiel in den Ferien, dann verwende ein Klistier (kleiner Einlauf) (Wasser alleine genügt häufig) oder ein Glycerine-Zäpfchen, das ist sinnvoller als zu pressen.

Sogar während der Geburt sprechen fortschrittliche Hebammen nicht mehr vom Pressen – sondern das Kind wird mit der Atmung kraftvoll hinaus geschoben, zusammen mit Geburtslauten wie jaaa …

4. Nach der Entleerung den Beckenboden anspannen

Wenn die Blase/der Darm entleert ist, spannt sich der Beckenboden spontan kurz an. Kannst du das wahrnehmen? In Zukunft kannst du dieses kurze Anspannen jeweils bewusst durchführen, in dem du die Öffnungen verschliesst und den Beckenboden in dir hochziehst. Halte die Spannung ein paar Sekunden und entspanne dann wieder. Dadurch kannst du deinen Beckenboden wieder in seine Grundspannung zurückholen.

Merke dir, etwas Restharn bleibt immer in der Blase zurück. Die Restharnmenge ist abhängig vom Alter. Bei Jüngeren zieht sich die Blase so klein zusammen, dass fast kein Platz für Restharn bleibt. Bei alten Menschen verliert die Blase ihre Elastizität und kann sich nicht mehr so klein zusammenziehen, so dass sich Restharn bis zu $1^1/_2$ dl und mehr bilden kann.

Schütze deinen Beckenboden: Spanne ihn nach jeder Entleerung kurz an.
„Nach der Toilette ziehe ich nicht nur meine Hose hoch, sondern auch meinen Beckenboden".

Tagestipps

- Versuche die Beckenbodenübungen (Varianten A, B (30-mal) C) in deinen Alltag zu integrieren.
- Beobachte und verändere dein Toilettenverhalten wie beschrieben. Die zwei allerwichtigsten Empfehlungen sind:
  - **Kein Einsetzen der Bauchpresse, kein Pressen, kein Drücken**
  - **Nach jedem Toilettenbesuch den Beckenboden anspannen**

Frage an Fortgeschrittene:
- Wie kannst du dein Toilettenverhalten noch verbessern?

Pipi Stopp

Hast du schon vom Pipi Stopp gehört? Er wurde jahrelang von Ärzten und Therapeuten zur Stärkung des Beckenbodens empfohlen. Wie schon sein Name sagt, wird der Harnstrahl einmal oder sogar mehrmals gestoppt. **Dies ist eine veraltete Therapieform und sollte nicht mehr empfohlen werden. Sie widerspricht der Aufgabe des Beckenbodens und der Blase.** Stell dir deine Blase vor, wie sie sich beim Wasserlösen zusammenzieht und den Urin durch den weit geöffneten Blasenhals austreibt. Die Harnröhrenschliessmuskeln und dein Beckenboden sind dabei entspannt. Nun gibst du auf einmal den Befehl zu stoppen. Deine Blase arbeitet unwillkürlich; das heisst du kannst ihr nichts direkt befehlen, sie stoppt also nicht. Und so muss der willkürlich arbeitende Anteil deiner Harnröhrenschliessmuskulatur mit dem verzögert einsetzenden Beckenboden deinen Harnstrahl stoppen. Erst wenn der Beckenboden gespannt ist, wird sich die Blase beruhigen und mit dem Austreiben des Urins aufhören. Häufig können Frauen danach nicht mehr fertig Wasserlösen. Die **Restharnmenge wird gefördert.** Das steigert die **Gefahr für Infekte.** Weiter ist die **Steuerung des Wasserlösens**, welche über das Nervensystem geschieht höchst kompliziert und kann durch häufiges Stoppen **in ihrer Funktion gestört** werden. Auch die **kleinen Harnröhrenschliessmuskeln** können durch häufiges stoppen **Schaden nehmen.**

Früher bestand auch die Meinung, man könne mit dem Pipi Stopp die Funktion des Beckenbodens testen. Doch es gibt Frauen, welche keine Inkontinenz haben und den Pipi Stopp nicht schaffen, andere Frauen können den Pipi Stopp, leiden aber an Inkontinenz. Somit ist die Aussagekraft dieses Tests nicht sehr gross.

Der Pipi Stopp wird am besten nur in Gedanken gemacht. So wird nichts Negatives bewirkt, und du spürst deutlich, wie deine Beckenbodenmuskeln arbeiten. Für Anfängerinnen ist es oft das beste Bild, um den Beckenboden wahrzunehmen.
Natürlich darfst du zwischendurch mal einen Pipi Stopp machen, wenn für eine Laboruntersuchung von dir ein Mittelstrahlurin verlangt wird, oder wenn du im Wald hinter einem Baum Wasser löst und auf einmal Spaziergänger kommen...

Wann gehst du Wasser lösen?

Überlege dir, ob du auf die Toilette gehst, weil du einen Harndrang verspürst oder weil sich gerade eine Gelegenheit bietet oder gehst du aus Vernunftsgründen – weil du mit dem Auto wegfährst, einkaufen gehst, in der Arbeitspause bist. Zähle wie oft du am Tag aus Gewohnheits- oder Vernunftsgründen und wie oft wegen eines Dranges auf die Toilette gehst.

Mit häufiger vorsorglicher Blasenentleerung wird der Blasenmuskel geschwächt und die Blase verliert die Fähigkeit, grössere Urinmengen zu speichern.
Mit der Zeit meldet sich die Blase immer früher mit Harndrang. Das kann so schlimm werden, dass die Frau bereits mit kleinsten Urinmengen

extremen Harndrang verspürt und immer wieder zur Toilette muss. Die Folge davon kann sein, dass sie sich sozial zurückzieht, damit sie stets in der Nähe einer Toilette ist. So kann die überaktive Blase (siehe 9. Tag) entstehen.

In der Blasenwand hast du Rezeptoren, welche dem Hirn ständig über das Nervensystem melden, wie stark die Blase ausgedehnt ist. Diese Meldung nimmst du (je nachdem wie stark du gerade beschäftigt bist oder wie stark du deiner Blase Aufmerksamkeit schenkst) bereits bei kleineren Mengen (1 dl) oder erst bei grösseren Mengen (ab 3 dl) wahr. Der Gang zur Toilette ist normal, wenn zwischen 3 bis 5 1/2 dl Urin gelöst wird.

Auswertung des Miktionskalenders

Nimm deinen Miktionskalender hervor und kontrolliere deine gemessenen Urinportionen. Hast du mehrheitlich 3 bis 5 1/2 dl pro Portion gelöst?

Wenn du viele kleinere Portionen unter 3 dl hast, überlege dir folgendes; gingst du aus Vernunfts- oder Gewohnheitsgründen auf die Toilette oder hattest du Harndrang. War dieser Drang stark oder hättest du ruhig zuwarten können?

Viele Frauen haben Hemmungen zuzuwarten. Denn es besteht immer noch die Meinung, es sei ungesund, den Toilettengang hinauszuschieben. Das ist richtig, wenn oft mit voller Blase noch lange zugewartet wird. Doch bei Portionen unter 3 dl darf, ja soll, das Wasserlösen hinausgezögert werden.

Miss nochmals einen Tag oder auch länger die Urinportionen. Wenn du viel unterwegs bist, kannst du auch nur die Portionen messen, welche du zuhause löst. Achte darauf, dass deine Portionen 3 bis 5 1/2 dl erreichen. Wenn du 1- bis 2-mal pro Tag eine kleine Portion löst, z.B. während des Stuhlgangs, dann ist das nicht wichtig. Die Mehrzahl der Portionen sollte einfach bei 3 bis 5 1/2 dl liegen.

Hattest du Portionen die deutlich über 5 1/2 dl waren? Wie es Menschen mit einer grossen Nase gibt, gibt es auch Menschen mit einer grossen Blase. Doch wenn diese Portionen von mehr als 8 dl fasst und dies täglich wiederholt vorkommt, ist es ebenfalls nicht gut. Stell dir die Blase vor, wie sie sich ausdehnen muss, bis sie Platz für so viel Urin schaffen kann. Die Blasenwand ist dann nur noch sehr dünn, und die Blasenmuskulatur kann sich so zum Wasserlösen nicht mehr gut zusammenziehen. Sie ist in dieser extremen Dehnung schwach. Eine extrem gefüllte Blase dehnt sich nicht mehr gleichmässig aus, sondern verändert sich blumenkohlartig. Die Rezeptoren verlieren ihre Fähigkeit, die Blasendehnung zu registrieren und somit den Harndrang spürbar zu machen. Wenn du regelmässig grosse Portionen über 5 1/2 dl hast, achte darauf, dass sie nicht noch grösser werden und zögere die Blasenentleerung nicht unnötig hinaus.

Tag 11

Tagestipps

- Beobachte weiter dein Toilettenverhalten und ob du wirklich erst dann gehst, wenn du einen Drang verspürst. Sind dann 3 bis $5^1/_2$ dl in deiner Blase?
- Übung Varianten A, B (30-mal) und C.
- Spanne jedes Mal an, wenn du ein Telefon klingeln hörst.

Zusatzaufgabe für Fortgeschrittene

- Versuche bei den Übungen das Anspannen bewusst im vorderen Bereich des Beckenbodens, unter den Schamlippen, aufzubauen und zu halten. Denn hier haben viele Frauen ihre Muskelschwäche.

Tricks zur Blasenberuhigung

Hast du häufig Urinportionen unter 3 dl und fällt es dir schwer mit dem Wasserlösen zuzuwarten? Dann wende folgende Tricks an, um deine Blase zu beruhigen.
Gedacht sind die folgenden Tricks für Frauen, die zu kleine Portionen lösen. Doch können sie auch eingesetzt werden, wenn du zwar eine gute Blasenfüllung hast, aber noch nicht gleich eine Toilette (oder einen dicken Baum, oder eine Autotüre...) zur Verfügung hast.

- **Anspannen der Schliess- und Beckenbodenmuskeln**
  Das Anspannen der Beckenbodenmuskeln kennt die Blase vom Abschluss des Wasserlösens her. Da signalisiert der Beckenboden mit seiner Anspannung der Blase das Ende des Wasserlösens und der Blasenmuskel kann sich darauf hin wieder entspannen. Nutze diesen Reflex bei überaktiver Blase, um die Blase zu beruhigen. Der Drang vergeht am einfachsten bei längeren und ruhigen Anspannungen.

- **Entspannen und tief durchatmen**
  Entspanne für einen Moment deinen ganzen Körper. Lehne zurück, atme tief ein und aus, lass dein Gesicht locker und weich werden. Streichle mit der Hand zwei dreimal über deine Blase.

- **Druck auf die Klitoris und/oder den Damm**
  Diesen Trick wenden schon kleine Mädchen an, indem sie sich mit der Hand auf Damm und Klitoris drücken oder die Beine kreuzen und sich so mit dem Oberschenkel Druck geben. Vielleicht hast du im Sitzen bei starkem Drang auch schon instinktiv ein Hohlkreuz gemacht, damit dir die Jeans-Hosennaht auf die Klitoris drückt. Wenn du dich auf eine Stuhlkante, Tischkante oder Stuhllehne setzt, erreichst du auch einen Druck auf die Klitoris – dies beruhigt die Blase – probiere es aus.

- **Verzögerungstaktik**
  „Zuerst erledige ich noch dieses Telefongespräch, bevor ich auf die Toilette gehe. Zuerst hole ich die Post ... Zuerst mache ich ...“.
  Häufig ist danach der Harndrang vergessen, und du kannst problemlos zuwarten.

- **Beruhigend mit der Blase sprechen**
  „ganz ruhig ..., ich weiss du kannst noch zuwarten ..., wir schaffen es ..., du meldest dich zu früh..., du kannst mehr fassen ..., ganz ruhig ...“.
  Egal ob du laut oder nur gedanklich mit deiner Blase sprichst, sie hört dich. Wichtig; sprich ruhig und in positiver Form mit ihr. Negatives wie „Nein“ und „Nicht“ versteht die Blase nicht.

- **Geistige Ablenkung**
  Nachdem du mit deiner Blase beruhigend gesprochen hast, denk an etwas anderes, konzentriere dich auf deine Umgebung oder zähle in einer Fremdsprache auf hundert. Was auch immer – lenke dich ab.

- **Notbremse „Adduktorenspannung“**
  Sollte dir alles zu wenig helfen, dann drücke Oberschenkel an Oberschenkel mit gekreuzten Beinen.

- **Verzichte auf Kaffee, Alkohol, Cola, Schwarztee, Grapefruitsaft, Kohlensäure ...**
  All diese Getränke enthalten Substanzen, welche die Rezeptoren und Schleimhäute deiner Blase reizen. Diese Getränke sollten zum Genuss in kleinen Mengen konsumiert und nicht gegen den Durst getrunken werden.

- **Trink viel!**
  Zähle auf deinem Miktionskalender deine Trinkmenge zusammen. Du solltest mindesten 1½ Liter Flüssigkeit, wie Wasser (am besten ohne Kohlensäure) oder Kräutertee (es gibt blasenberuhigende Kräutertees), getrunken haben. Bei zu geringer Trinkmenge wird dein Urin stark konzentriert und reizt deine Blase zusätzlich. Die Farbe des Urins sollte immer hellgelb sein.
  Geniess die Getränke bei Raumtemperatur.

- **Einfluss von Nahrungsmitteln auf die Blase**
  Mit regelmässigem Konsum von Kürbiskernen kann die Blase beruhigt werden. Auch dem Preiselbeersaft wird eine beruhigende Wirkung nachgesagt. Das Gegenteil bewirkt der Genuss von Birnen und Grapefruit.

- **Unterstütze die Blasenberuhigung auch gezielt mit folgenden Massnahmen:**
  Klassische Massage, Akupunktur, Fussreflexzonenmassage, Shiatsu, Atemtherapie, Homöopathie, etc., aber auch regelmässige Spaziergänge an der frischen Luft und Gymnastik können die Blasenberuhigung unterstützen.

- **Häufig reagiert die Blase mit Druck, wenn die Psyche unter Druck ist**
  Überlege dir, ob sich etwas in deinem Leben geändert hat, seit deine Blase überaktiv ist. Vielleicht helfen dir auch allgemeine Entspannungsübungen oder Techniken wie Autogenes-Training, etc.

- **Guter Wäscheschutz**
  Angst ist blasenaktivierend. Angst „in die Hose zu machen" und sich so in eine peinliche Situation zu bringen regt also die Blase an. Das lässt einen Teufelskreis entstehen. Diesen konnten einige Frauen mit der Sicherheit einer guten Inkontinenzbinde durchbrechen.

So arbeitet deine Blase perfekt

Überprüfe nochmals deinen Miktionskalender. Stimmen deine Angaben mit den folgenden überein?

- In der Nacht musst du nicht oder höchstens ein mal Wasser lösen.
- dein Blaseninhalt beträgt pro Portion zirka 3 bis 5½ dl
- du scheidest täglich zwischen 1½ bis 2 Liter aus (dies weist darauf hin, dass du genügend Flüssigkeit zu dir nimmst, wovon 1½ Liter Wasser sein sollte).
- Die Differenz zwischen Einfuhr (Trinkmenge) und Ausfuhr (Urinmenge) liegt im Rahmen von –5 dl und +5 dl.

Wenn ja, dann herzliche Gratulation – deine Blase arbeitet perfekt. Wenn nein, dann führe jede Woche einen Miktionskalender und befolge die Tricks zur Beruhigung der Blase, bis deine Werte auf eine gut arbeitende Blase hinweisen. Besprich deinen Miktionskalender auch mit deiner Ärztin/Arzt.

Tag 12

Tagestipps

- Achte auf deine Trinkmenge und auf die Auswahl deiner Getränke. Vielleicht machst du ein paar Tage Kaffeepause und schaust, wie sich das auf deinen Körper, insbesondere auf deine Blase auswirkt.
- Um dich an die Beckenbodenübungen zu erinnern, kann es helfen, wenn du sie mit einer Alltagstätigkeit verbindest. Versuche es damit: Jedes Mal, wenn du auf eine Uhr schaust, spannst du einmal kräftig an.
- Trainiere in den drei Variationen A, B (30-mal) und C.

Übung für Fortgeschrittene

- Kannst du deinen Beckenboden mal mehr auf der rechten und dann auf der linken Seite anspannen?

Wasser

Da unser Körper zum grössten Teil aus Wasser besteht, ist es enorm wichtig, dass ihm immer genügend Flüssigkeit zur Verfügung steht.
Wenn zu wenig getrunken wird, kann der Körper die Giftstoffe nicht gut ausscheiden und dies kann im Laufe des Lebens zu Krankheiten führen. In der Alternativmedizin wird zum Beispiel Rheuma mit jahrelanger zu geringer Flüssigkeitszufuhr in Verbindung gebracht. Leute, die zu Muskelkrämpfen neigen, an Kopfschmerzen, Verstopfung etc. leiden, trinken häufig zu wenig.
Ungenügende Trinkmengen führen zu einem dunkelgelben Urin, und dieser konzentrierte und scharfe Urin reizt die Blase. Bei genügender Flüssigkeitszufuhr ist dein Urin hellgelb und klar.

Wenn du jahrelang zu wenig getrunken hast, ist dein Durstgefühl vielleicht verschwunden. Du kannst dir viel trinken jedoch wieder angewöhnen. Das Ziel ist 11/2 bis 2 Liter Wasser zu lösen pro Tag und mindestens 11/2 Liter Wasser zu trinken.

Wenn dir das Erreichen deiner optimalen Trinkmenge Mühe bereitet, dann versuche es mit folgenden Tricks:

- **Grosse Wasserflasche** (11/2 Liter) oder grosse Kanne Tee bereits am Morgen bereitstellen mit dem Ziel, diese bis am Abend leer getrunken zu haben.
- **Nur noch grosse Gläser** (3 bis 5 dl) verwenden. Alle kleinen Gläser nicht mehr benutzen. Nimm, wenn immer möglich, ein volles Glas an deinen Arbeitsplatz mit und trinke immer wieder ein paar Schlucke. Aus einem grossen Glas trinken wir in der Regel mit grösseren Schlucken als aus einem kleinen.
- **Mische das Wasser**, z. B. mit Fruchtsäften (Apfelsaft, Orangensaft, Aprikosensaft ...) oder trinke Kräutertee

Teste deine Beckenbodenanspannung

Setze dich auf einen Stuhl mit einem Sitzballkissen. Den Bezugshinweis des Sitzballkissens findest du im Anhang dieses Buches. Wenn du einen grossen Gymnastikball hast, eignet sich auch dieser ausgezeichnet.

Das Sitzballkissen
Dank dem Sitzballkissen bleibst du während dem Sitzen in Bewegung. Es hilft dir deinen Beckenboden gut wahrzunehmen.

Bewege zuerst genussvoll dein Becken auf dem Sitzballkissen umher. Dann konzentrierst du dich auf die vier knöchernen Orientierungspunkte. Merkst du, wie im Unterschied zum harten Stuhl, deine Sitzbeinhöcker viel weniger deutlich wahrnehmbar sind? Dafür spürst du dein Schambein und dein Steissbein gut. Am Beckenboden selber spürst du das Sitzballkissen auch. Wenn nicht, dann setze dich breitbeiniger hin.

Schiebe von beiden Seiten deine Finger unter die Sitzbeinhöcker und nimm mit ihnen Kontakt auf.
Beginne jetzt mit einer Beckenbodenanspannung. Zieh den Beckenboden langsam Stufe um Stufe in dir hoch. Versuche eine so kräftige Beckenbodenspannung aufzubauen, wie du nur kannst, ***so dass du aber die Sitzbeinhöcker mit den Fingerkuppen noch gut spürst.***
Und erst jetzt ziehst du deine Sitzbeinhöcker zum Damm hin. Spürst du wie die Sitzbeinhöcker verschwinden? Du kannst sie mit den Fingern nicht mehr wahrnehmen. Sie sind gefühlsmässig wie hochgeklappt. Du spürst jetzt fest angespannte Muskeln. Das sind deine Gesässmuskeln.
Lass alles wieder langsam los und nimm mit den Fingerkuppen wahr, wie die beiden Sitzbeinknochen wieder spürbar werden und dein Beckenboden locker und entspannt ist.
Zum Lockern kannst du herzhaft gähnen, seufzen, Gesicht entspannen oder baaa sagen.

Wiederhole diese kraftvolle Beckenbodenanspannung ein paar Mal und achte darauf, dass die Sitzbeinhöcker immer erst am Schluss der Anspannung mitmachen.
Wichtig: Du ***ziehst*** *die Sitzbeinhöcker zum Damm hin zusammen (du stösst nicht von aussen mit den Gesässmuskeln!).*

Solange du zuerst den Beckenboden gut wahrgenommen und angespannt hast, ist es in Ordnung, wenn mit dem Sitzbeinhöckerzusammenziehen auch die Gesässmuskulatur mitmacht. Unerwünscht ist, wenn du schon beim ersten Anspannen des Beckenbodens spürst, wie deine Sitzbeinhöcker hinter gespannter Gesässmuskulatur verschwinden.
Natürlich geht dieser Test auch ohne Kissen, doch auf einem harten Stuhl wird es für die Finger zur Tortur. Das Kissen verstärkt auch durch seinen Auflagedruck die Beckenbodenwahrnehmung.

Die Finger kontrollieren die Muskelarbeit um die Sitzbeinhöcker.

Intensiviere die Beckenbodenarbeit mit deiner Stimme

Sag gut hörbar ein langgezogenes (zirka 4 bis 8 Sekunden dauerndes) **chchch …***.
Achte darauf, dass das **chchch …** im vorderen Gaumen gesprochen wird. So wie im Hochdeutschen das Wort Bü**ch**er oder das Wort i**ch**.
Spürst du, wie dein Beckenboden dabei aktiviert wird? Während du das chchch… sagst, kannst du gleichzeitig deinen Beckenboden anspannen. So kannst du über deine Stimme deine Beckenbodenanspannung intensivieren.
Während du chchc … sagst, ist das gleichzeitig ein Ausatmen. Ausatmen und dabei den Beckenboden anspannen ist optimal. Diesen Zusammenhang beschreiben wir am 17. Tag.

Weitere Töne und Wörter, welche deinen Beckenboden aktivieren findest du auch am 43. Tag.

* Therapeutische Übung aus dem Tanzberger-Konzept

Tagestipps

- Achte beim Üben auf deine Sitzbeinhöcker. Diese arbeiten erst dann mit, wenn dein Beckenboden bereits gut angespannt ist. Du kannst auch Anspannungen der Variante B ohne Sitzbeinhöckerspannen ausführen, indem du einfach nur innerlich deinen Beckenboden hochziehst.
- Je nach Situation sagst du ein gut hörbares chchch ... und spannst dazu an.
- Achte auf deine Trinkmenge. Wasser ist unser Lebenselixier.
- Weiter mit A, B, C ...

Zusatzbeobachtung für Fortgeschrittene

- Sag ohne Beckenbodenanspannung das chchch ... wechsle dann zu schschsch ... und pfff ... und achte auf deinen Beckenboden. Welche dieser drei Varianten aktiviert ihn am besten?

  Es ist das chchch .... Spürst du das auch so?

Ein gut durchbluteter Beckenboden

Eine gute Durchblutung bringt mehr Nährstoffe ins Gewebe und transportiert die Abfallstoffe ab. So ist das Gewebe in einem optimalen Zustand und kann seine Funktionen problemlos wahrnehmen.

Die Durchblutung wird einerseits durch das Beckenbodentraining verbessert. Du kannst sie aber auch mit anderen Massnahmen unterstützen. Hier ein paar Vorschläge. Probiere das eine oder andere aus:

- **Dein Beckenboden liebt eine Massage.** Wie wäre es, wenn du jeweils nach dem Duschen beim Abtrocknen deinen Beckenboden massierst? Am besten geht dies, wenn du ihn mit leichtem Druck mit den Fingerkuppen in kreisenden Bewegungen massierst. Bewege deine Finger auch entlang der Knochen, welche deinen Beckenboden einrahmen. Integriere ebenfalls die Dammregion. Wenn du eine Narbe im Dammbereich hast, dann massiere diese, am besten täglich. Einige Frauen erzählten, dass sie damit guten Erfolg hatten, dass die Narbe wieder weicher, geschmeidiger und empfindsamer wurde. Für die Beckenbodenmassage eignet sich ein Öl (Olivenöl extravergine, Johanniskrautöl ...), eine Energetic-Crème oder ein Gleitmittel.

- **Gehörst du zu den Frauen,** die sich jeden morgen die Beine mit kaltem Wasser abduschen? Nimm auch deinen Beckenboden dazu. Auch da wirkt das kalte Wasser durchblutungsfördernd.

- Jedes **Ausdauertraining** wie Schwimmen, Velofahren, Tanzen und Walking verbessert die Durchblutung des gesamten Körpers und so auch deines Beckenbodens und ist empfehlenwert.

- **Feine Aktivierungsübungen** deines Beckenbodens fördern auch die Durchblutung. Stelle dir vor, du könntest mit deinen Öffnungen spielerisch etwas auflesen, hochziehen oder aufpicken.

- **Hast du keine Lust aktiv etwas zu machen;** dann setze dich auf eine warme Bettflasche oder geniesse ein warmes Bad. Mit Wärme kann sich dein Beckenboden schön entspannen, und ein entspannter Muskel wird auch gut durchblutet.

Unerwünschte Nebenwirkungen des Beckenboden-Trainings

Es kann vorkommen, dass du auf das Training anders, als beabsichtigt reagierst. Das kann heissen, dass du die Übung zu intensiv oder nicht ganz korrekt durchgeführt hast. Achte immer darauf, dass du während der Spannung weiteratmest, und dass auf jede Anspannung eine Entspannung folgt. Hier ein paar der häufigsten Nebenwirkungen, und was du dagegen tun kannst:

- **Muskelkater,**
  am häufigsten in den Bauch-, Rücken- und Gesässmuskeln. Das ist ein Zeichen für zu intensives Training. Mach, bis der Kater wieder weg ist, keine intensiven Übungen mehr.

Ein warmes Bad oder eine sanfte Massage hilft meistens.

- **Ziehen/Schmerzen im Unterleib**
  Pausiere dein Training. Am nächsten Tag sollten die Beschwerden weg sein. Versuche es mit einem warmen Bad und/oder einer Bettflasche.

- **Verspannungen/Schmerzen im Nacken- und/oder Rückenbereich**
  Am Anfang des Trainings kann es zu Reaktionen kommen. Taste dich mit dem Training langsam vor und schau, wieviel für dich gut ist. Lasse dir Zeit.

- **Irritation der Harnröhre**
  Das Gefühl einer beginnenden Blasenentzündung oder ein leicht brennender Schmerz beim Wasserlösen kann am Anfang eines Beckenbodentrainings auftreten. Dies ist aber auch ein Zeichen, dass es bereits zuviel war. Training stoppen und viel trinken! Wenn du zu Blasenentzündung neigst, dann trinke Bärentraubenblätter-Tee oder Kaktusblüten-Tee (es gibt auch Kapseln). Diese schmecken nicht gerade gut und sollten ohne Zucker getrunken werden. Sie haben schon viele Frauen vor einer Blasenentzündung bewahrt.

- **Vermehrter und stärkerer Harndrang.**
  Ein gut trainierter Beckenboden wirkt auf die Blase beruhigend. Doch auch hier kann am Anfang eines Trainings das Gegenteil ausgelöst werden, und die Blase reagiert mit Harndrang. Mache die Übungen ruhiger, das heisst halte die Spannung jeweils etwas länger, aber spanne dafür weniger intensiv an, so dass du es als locker empfindest.

Tagestipps

- Wähle heute eine Massnahme zur Verbesserung der Durchblutung aus und geniesse diese.
- Du bist mit dem heutigen Tag schon seit zwei Wochen auf der Entdeckungsreise. Kannst du schrittweise Erfolge verzeichnen?
- Und weiter mit dem Basisübungsprogramm:
  - A, B (30- bis 50-mal) und C
  - Toilettenverhalten beobachten
  - Trinkmenge einhalten

Fortgeschrittene
- Wähle auch eine Massnahme zur Verbesserung der Durchblutung aus und geniesse diese.

„Ich habe eine Senkung"

Sicher hast du das Wort „Senkung" schon gehört. Sehr viele Frauen – auch schon junge – kennen die Senkung aus eigener Erfahrung.
Um zu verstehen, was bei einer Senkung passiert, kannst du die nächsten zwei Illustrationen betrachten.
Die erste Illustration zeigt dir die normale Situation des weiblichen Unterleibs.
Gleich hinter dem Schambein liegt die Blase, welche schön aufgerichtet ist. Die Harnröhre verläuft gestreckt. Hinter der Blase erkennst du die Vagina, welche schräg zum Rücken hin verläuft. Die Gebärmutter liegt nach vorne geneigt über der Blase. Dahinter liegen der Darm und das Steissbein.

Die nächste Illustration stellt die Situation einer leichten Senkung der Gebärmutter dar. Die Wände der Vagina sind durch einen schlaffen Beckenboden und lockere Bänder in sich zusammengesunken, und die Gebärmutter hat sich aufgerichtet und lastet nun mit ihrem Gewicht auf der Vagina. Da die Scheiden-Vorderwand (vordere Vaginalwand) mit der Harnröhren-Rückwand in direkter Verbindung steht, senkt sich die Blase auch mit. So ist nun ein Teil der Blase weiter unten als der Abfluss in die Harnröhre (= grössere Restharnmenge, kann Infektionen begünstigen). Auch die Harnröhre ist betroffen, sie liegt in einem lockeren Bogen da und hat es so schwieriger bei Druckveränderungen dicht zu bleiben.
Eine solche Verlagerung der Organe nach unten wird als „Senkung" bezeichnet. Je nach Ausprägung der Senkung wird von einer Darm-, Blasen-, Scheidenwand (Vaginawand)- oder Gebärmuttersenkung gesprochen.

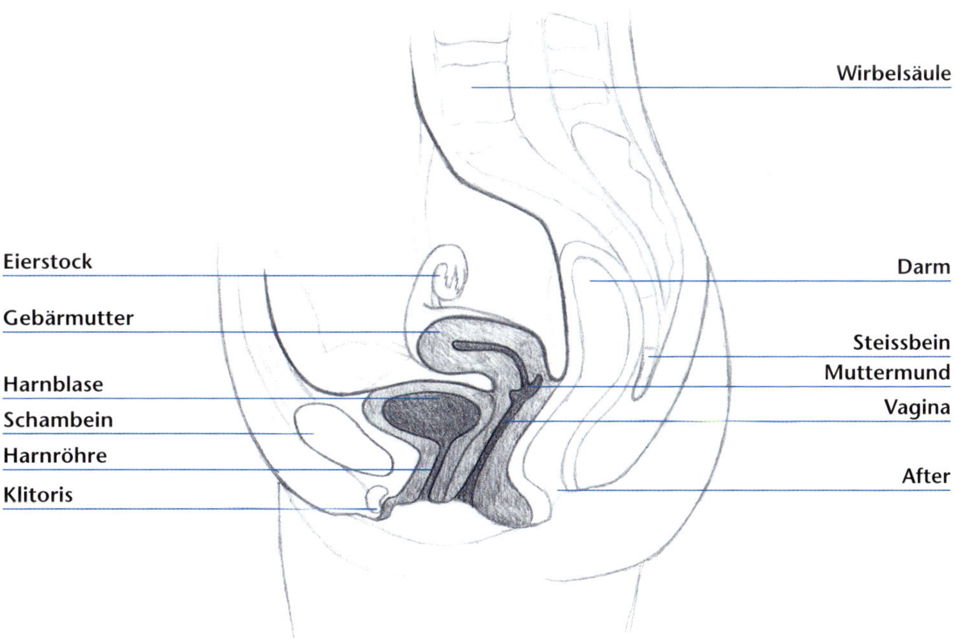

Gebärmuttervorfall
Die nächste Illustration zeigt eine fortgeschrittene Gebärmuttersenkung. Die Gebärmutter „fällt vor". Sie kann sogar ganz hinaus rutschen. In solchen Fällen hilft oft nur noch die Operation.

Ursachen einer Senkung
Meistens entsteht die Senkung über Jahre hinweg. Die Erschlaffung des Gewebes geschieht infolge Muskelschwäche und Fehlbelastungen (z.B. Pressen, schlechte Haltung, viel Stehen). Weitere Ursachen sind aber auch Alterung, Hormonmangel und genetische Veranlagung. Zu plötzlichen Senkungen kann es nach schweren Geburten oder Unfällen mit starkem Druck auf den Bauchraum kommen.

„Wie merke ich, ob ich eine Senkung habe?"
Eine leichte Senkung spürt die Frau häufig nicht. Folgender Selbsttest kann Aufschluss geben: Führe dir im Stehen einen Finger in die Vagina ein und presse. Spürst du, dass sich dabei dein Muttermund deutlich senkt? Huste mal, wie ist da die Situation? Bei einer fortgeschrittenen Senkung kann es sogar sein, dass sich der Muttermund sichtbar unten rausschiebt, z.B. auch nach einer mühsamen Darmentleerung mit Pressen.

Zeichen einer Senkung können sein:

- Schweregefühl und/oder Druckgefühl im Unterleib. Möglich ist auch ein Fremdkörpergefühl oder das Gefühl „unten offen zu sein", „keinen Boden zu haben".

- Schmerzen beim Geschlechtsverkehr, ausgelöst durch den Penis der an den Muttermund stösst.

- Rückenbeschwerden, da die Bänder, an denen die gesenkten Organe hängen auch zum Rücken hin verstrebt sind. Bei einer Senkung entsteht auf diese Bänder ein Zug.

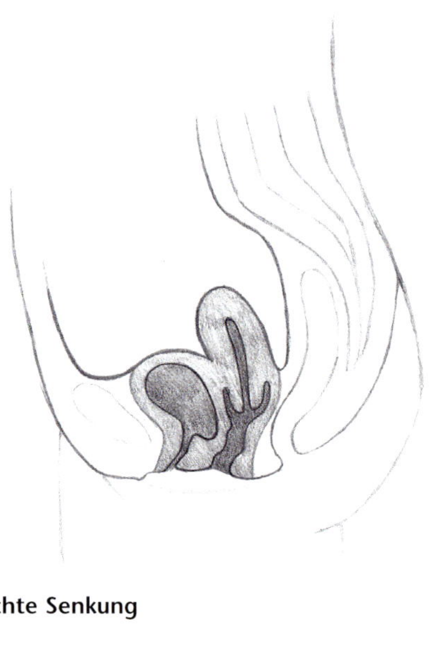

leichte Senkung

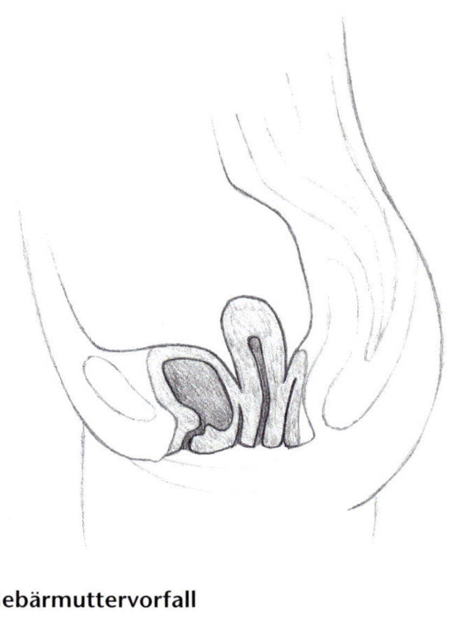

Gebärmuttervorfall

- Druck im Darm oder Verstopfung, da sich die Organe zum Darm hin gesenkt haben.

„Was kann ich gegen eine Senkung unternehmen?"
Folgende 3 Massnahmen können helfen eine Senkung in den Griff zu bekommen oder gar nicht erst entstehen zu lassen.

- **Mildern der Belastung.** Schütze deinen Beckenboden vor unnötigen Belastungen im Alltag.
  Frauen, die an einer Senkung leiden, sollten nicht schwer körperlich arbeiten und wenn, dann nur mit korrekter Körperhaltung und aktiviertem Beckenboden. Schläge, wie sie entstehen beim Jogging, Trampolin, High Impact Aerobic, Tennis, Squash, Skifahren auf harter Piste sollten weitgehend vermieden werden. Ein chronischer Husten muss therapiert werden. Und ganz wichtig: kein Pressen!

- **Verstärke den Widerstand** durch Beckenbodentraining. Deine Beckenboden- und Rumpfmuskeln sollen für ihre Aufgaben fit sein.

- **Umkehrübungen – mach aus deinem Becken-Boden ein Becken-Dach.** Damit die gesenkten Organe, dank der Schwerkraft, wieder an ihren angestammten Platz zurück kommen, kannst du dein Becken in sogenannte Umkehrsituationen bringen. Der Handstand ist zum Beispiel eine Umkehrübung. So können sich die Organe mit der Schwerkraft wieder zurückverlagern und der Beckenboden ist dabei entlastet. Keine Angst, es geht auch ohne Handstand, du wirst gleich ein paar einfache Umkehrübungen kennen lernen. Frauen mit Senkung empfehlen wir täglich mindestens eine Umkehrübung zu machen.

Umkehrübungen gegen Senkungen

Knie-Ellbogenlage

Umkehrsituation: Knie-Ellbogenlage

Du siehst schon beim Betrachten des Bildes der Knie-Ellbogenlage, dass der Beckenboden hier das Beckendach ist. Gebärmutter, Blase und die Därme verlagern sich in Richtung Bauchraum. Klar, dass sie nicht hier bleiben, wenn du wieder aufstehst. Aber durch das Kräftigen des Beckenbodens und des umliegenden Gewebes wird die Situation über die Monate verbessert. Bleib so lange in dieser Knie-Ellbogenlage, wie es dir wohl ist. In dieser Position fühlt sich dein Beckenboden weit und offen an und er ist wunderbar entlastet. In dieser Lage kannst du die Übungen für den Beckenboden in den drei Variationen A, B und C turnen oder einfach mit der äusseren Schicht spielerisch um die Öffnungen anticken. Diese Position ist auch sehr gut für Frauen während der Rückbildung nach einer Geburt, um der Gebärmutter zu helfen, wieder ihren angestammten Platz zu finden.

Achtung: Diese Knie-Ellbogenlage ist nicht geeignet, wenn du an Bluthochdruck oder zu hohem Augeninnendruck leidest.

„Becken geht in die Höhe"

Umkehrübung „Becken geht in die Höhe"

Leg dich auf den Rücken, stelle die Beine auf, baue unter den Fersen einen Druck gegen den Boden auf, bis sich dein Becken vom Boden abhebt und höher liegt als der Rest deines Rumpfes. Spann den Beckenboden an. Deine Wirbelsäule ist langgestreckt, deine Schulterblätter liegen noch auf dem Boden auf.
Wenn du magst, bleibst du ein paar Atemzüge lang oben, aber kontrolliere, ob du noch Spannung im Beckenboden hast.
Dann lässt du den Fersendruck nach und kommst mit dem Becken wieder auf die Unterlage zurück und lässt erst jetzt die Beckenbodenspannung langsam hinausfliessen. Entspanne dich, auch dein Gesicht und den Kiefer. Ein genussvolles Seufzen oder Gähnen hilft dir dabei.
Diese Übung kann je nach Trainingszustand als anstrengend empfunden werden.

Zur Abwechslung kannst du während dein Gesäss oben ist:

- dein Becken schütteln oder fein vibrieren lassen. Stelle dir deine Gebärmutter und Blase vor, wie diese Richtung Bauchraum zurück geschüttelt werden.
- dir vorstellen, ein Sommervogel setze sich auf dein Schambein, und du gibst ihm mit dem Schambein einen Schubs, damit er wieder weiterfliegt. Dazu sagst du jedes Mal „Hopp …. Hopp ….". Dadurch wird dein Beckenboden zusätzlich aktiviert.
- dein Becken abwechslungsweise zur rechten und dann zur linken Seite schieben. Achtung: nur das Becken – deine Knie bleiben ruhig.
- ein Bein einen Zentimeter ab Boden heben, nach 3 bis 10 Sekunden stellst du es wieder ab. Und dann wechseln, das andere Bein abheben. Mach dieses an Ort marschieren weiter. Beobachte dabei, dass dein Becken nicht wackelt. Halte es möglichst ruhig.

„Becken geht in die Höhe mit an Ort marschieren"

Tag 15

Tagestipps

- Probiere die zwei beschriebenen Umkehrsituationen „Knie-Ellbogenlage“ und „Becken geht in die Höhe“ aus.
- Über den Tag verteilt oder während der Umkehrsituation kannst du deine Übungen der Varianten A, B (bis 50-mal) und C machen. Du kannst die Anspannungen mit dem chchch … verstärken.

Zusatzübung für Fortgeschrittene:

- Du kennst die „Becken geht in die Höhe“ Übung schon. Sie dient der Kräftigung deines Beckenbodens und bewirkt eine Umkehrung. Doch dies ist noch nicht alles. Sie kräftigt auch deine Gesässmuskulatur und die Muskulatur der Oberschenkelrückseite. Mach heute diese Übung circa 30-mal, am besten im Atemrhythmus. Atme mit chchch … aus. Heb dabei das Becken hoch, und beim Einatmen kommst du mit dem Becken wieder auf die Matte zurück.

Beckenbodentraining bei Unterleibsoperationen

Spätestens mit fünfzig Jahren hat schon fast jede Frau eine Unterleibsoperation hinter sich. Häufig handelt es sich um die Entfernung der Gebärmutter. Viele dieser Operationen sind medizinisch notwendig und/oder von der Frau erwünscht. Leider trainieren die wenigsten Frauen zuvor ihre Beckenbodenmuskulatur.

Trainiere deinen Beckenboden vor einer Unterleibsoperation

Wir erachten es als wichtig und von Vorteil, vor einer Unterleibsoperation eine Zeitlang ein gezieltes Beckenbodentraining durchzuführen. Dadurch verbessert sich die Durchblutung und so auch der Ernährungszustand und die Qualität des Gewebes. Ein gutes Gewebe ist wichtig für den Erfolg einer Operation. Eine Operation (bei Senkung und Inkontinenz) kann oft dank des Beckenbodentrainings hinausgeschoben oder sogar vermieden werden. Sollte es auch nach mehreren Monaten (bis zu 2 Jahren) regelmässiger Durchführung des Trainings nicht zur befriedigenden Verbesserung der Symptome führen, kann eine Operation die Lösung sein.

Nach einer Unterleibsoperation muss (weiter) trainiert werden

Durch die Operation wurde der Beckenboden nicht kräftiger, nur entlastet. Dank der Operation hat sich die Situation im Unterleib verändert, hoffentlich verbessert. Damit die Operation nicht in ein paar Jahren wiederholt werden muss, soll trainiert werden. Von grösster Wichtigkeit ist auch das Vermeiden von unnötigen Beckenbodenbelastungen im Alltag. Hat die Frau bereits vor der Operation trainiert, fällt es ihr danach leichter, da sie die Übungen bereits kennt.

Leider werden die Frauen nach einer Unterleibsoperation oft nicht informiert, wie sie einen Rückfall verhindern können. Viele Frauen glauben, nach der Operation sei alles für immer gut. Dabei wurden die Ursachen der Senkung nicht behoben.

Der Softball von BeBo®

Der Softball ist ein wunderbares Hilfsmittel, um in eine Umkehrsituation zu kommen. Er ist sehr weich und elastisch. Die Höhe und Weichheit kann je nach Luftmenge variiert werden. Wenn du keinen solchen Ball hast, eignet sich auch die Gummi-Ballblase aus einem Lederball (alter Fussball) sehr gut. Auch ein robuster Luftballon tut seinen Dienst.
Den Bezugshinweis des Softballs findest du im Anhang.

Softball von BeBo®
Mit dem Softball lassen sich viele Übungen ausführen. Sei es um in eine Umkehrsituation zu kommen oder um die Balance zu fördern.

Übungen mit dem Softball von BeBo®

Beginne mit der Übung „Becken geht in die Höhe" von gestern.
Wenn du mit dem Becken oben bist, schiebst du dir den aufgeblasenen, aber noch elastischen Ball, unter dein Gesäss und legst dein Becken auf den Ball ab. Sei locker und entspannt, und gib dich nicht gleich mit der Lage deines Balles zufrieden, verschiebe diesen noch etwas hoch oder runter, bis es dir richtig wohl ist und sich auch dein Rücken gut anfühlt. Ungewohnt darf es sein aber nicht schmerzhaft.
Auf diesem Ball hast du wieder eine Umkehrsituation eingenommen. Deine Organe können sich in Richtung Bauchraum zurückverlagern.

Du kannst auf diesem Ball die Varianten A, B, C üben oder folgendes ausprobieren:

- Das Becken entspannt hin und her bewegen. Zwischendurch ein paar mal den Beckenboden kräftig anspannen. Oder: hopse mit dem Gesäss auf dem Ball mit kleinen Bewegungen hoch und runter. Und sage dazu hopp, hopp, …

- Die Beine an den Rumpf nehmen und so das Becken entspannt hin und her bewegen. Zwischendurch ein paar mal den Beckenboden kräftig anspannen.

- Beine senkrecht in die Luft strecken – Beckenboden anspannen – und Fersen aneinander drücken und mit den Fersen kleine Kreise in die Luft malen.

- Mach es dir nun von der Balance her anspruchsvoller. Strecke beide Arme hoch Richtung Decke und bewege so dein Becken.

Tagestipps

- Organisiere dir einen solchen Softball (die Anschaffung lohnt sich, wir werden in Zukunft immer wieder mit ihm arbeiten) und geniesse das gute Gefühl mit diesem Ball zu trainieren. Nutze ihn zur Entspannung, sowie auch für die Kräftigungsübungen.
- Führe dein Basisübungsprogramm in den Varianten A, B (bis 50-mal) und C auf dem Softball aus.

Herausforderung für Fortgeschrittene

- Rückenlage mit aufgestellten Beinen, Softball unter dem Becken: Fordere deine Balance heraus, indem du dein Becken wild umher bewegst und beobachtest, wie deine Rumpfmuskeln dich stabilisieren. Zum weiteren Erschweren der Balance kannst du die Knie zur Brust nehmen, die Augen schliessen und noch zusätzlich die Arme in Richtung Decke strecken.

Zusammenspiel von Beckenboden und Zwerchfell

Der Beckenboden ist der Boden unseres Rumpfes. Wir haben noch andere querverlaufende Böden: die Fusssohlen, der Beckenboden, das Zwerchfell, den Kehlkopf mit Gaumenboden. Diese Querböden stehen miteinander in Verbindung und beeinflussen sich gegenseitig. Das Zusammenspiel von Zwerchfell und Beckenboden geschieht bei jedem Atemzug.

Das Zwerchfell ist ein grosser, flacher Muskel, der unseren Rumpf auf der Höhe der untersten sechs Rippen in Bauchraum und Brustraum unterteilt. In Ruhelage wölbt sich das Zwerchfell wie eine Kuppe in unseren Brustraum. Das Zentrum des Zwerchfells bildet eine Sehnenplatte. Von dieser strahlen nach allen Seiten die Muskelfasern aus.

Damit es zu einer **Einatmung** kommt, ziehen sich die Muskelfasern des Zwerchfells zusammen und dieses flacht ab. Der Brustraum wird grösser, und die Atemluft strömt in die geweitete Lunge ein. Das Zwerchfell hat sich dabei in den Bauchraum verlagert. Der Bauchinhalt wird dadurch nach unten und aussen geschoben. Die Bauchwand und der Beckenboden sind entspannt und geben nach.

Zur **Ausatmung** entspannt sich das Zwerchfell und wölbt sich wieder kuppenförmig in den Brustraum hinein. Die Atemluft strömt aus. Der Bauchraum kommt dadurch wieder in seine ursprüngliche Lage zurück. Das gibt

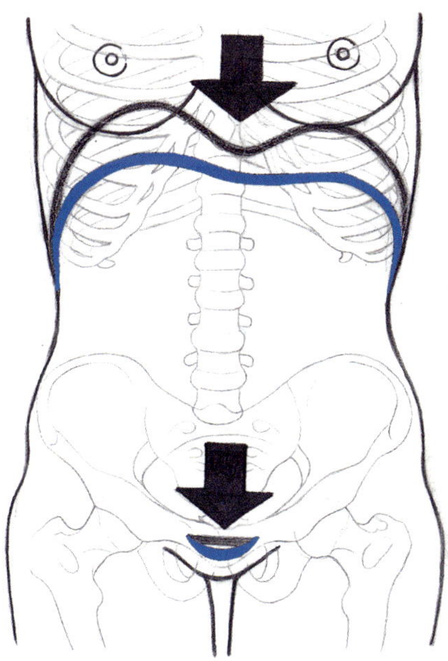

Einatmen – das Zwerchfell senkt sich – die Organe und der Beckenboden senken sich.

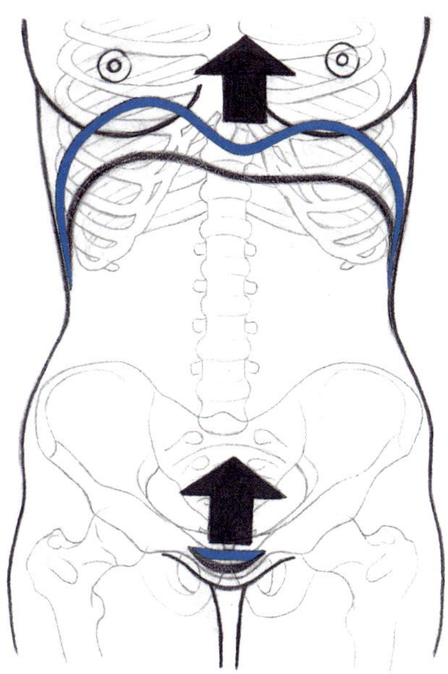

Ausatmen – das Zwerchfell hebt sich – die Organe und der Beckenboden heben sich.

eine Sogwirkung auf den Beckenboden und lässt ihn mit den Organen nach oben schwingen. Jede Ausatmung bei aufrechter Körperhaltung stimuliert so unseren Beckenboden und alle Organe.

Die Atmung ist ein immer wiederkehrendes Weitwerden (=Einatmung) und Engwerden (=Ausatmung) des Brustkorbes, ja des gesamten Rumpfes. Die Organe werden dabei bewegt. Beim Einatmen nach aussen und unten, beim Ausatmen nach innen und oben. So werden unsere Organe zirka 500 Meter pro Tag hinauf und hinunter bewegt und der Beckenboden schwingt parallel zum Zwerchfell mit. Die Organe lieben dies, sie funktionieren dank dieser **Organmassage** viel besser, insbesondere unser Darm.
Sobald wir aber in einer runden, krummen Körperhaltung sind, findet diese Organbewegung nicht mehr oder nur noch minimal statt, da nur noch bis in den Brustraum geatmet wird. (Gefahr von Verstopfung)

„Wie soll ich beim Training atmen?"
Bei der Anspannung wird der Beckenboden spürbar angehoben. Auch während der Ausatmung schwingt er mit dem Zwerchfell nach oben. So ist es sinnvoll und optimal koordiniert, wenn Ausatmen und Anspannen miteinander geschehen. Bei langen Anspannungen atmest du normal weiter.

Atemreise im Sitzen

Dies ist eine Übung, um dir deiner Atmung bewusst zu werden. Setze dich aufrecht hin (lange Wirbelsäule, die Schultern sind locker) und beachte deine Atmung.
Richte die Aufmerksamkeit auf den einströmenden Atem und beobachte, wohin sich der Atem in deinem Brustraum ausbreitet. Wo kannst du ihn wahrnehmen? Lasse dir Zeit und atme ruhig weiter. Vielleicht spürst du deinen Atem vorne, unter deinem Brustbein? Vielleicht hinten? Vielleicht spürst du, dass sich dein Atem seitlich unter deine Rippen ausbreitet? Und vielleicht auch nach oben in Richtung Schlüsselbeine?
Nun beobachte, ob du die Atembewegung auch bis in deinen Bauchraum wahrnehmen kannst. Entspanne dazu deine Bauchmuskeln, so dass der Bauchraum deinem Atem viel Platz bietet. Wohin breitet sich im Bauchraum deine Atembewegung aus? Vielleicht nach vorne zu deinem Nabel? Vielleicht nach hinten zur Wirbelsäule? Vielleicht zur Seite in deine Taille?
Beobachte, ob du die Atembewegung sogar bis in dein Becken und zum Beckenboden hinunter wahrnehmen kannst. Dies gelingt dir aber nur, wenn du deinen Beckenboden (und auch dein Gesicht und deinen Kiefer) ganz entspannst.
Am schönsten ist diese Atemreise mit geschlossenen Augen. Du kannst sie auch als Entspannungsübungen oder zur Meditation anwenden.
Wenn du über den Atem mit deinem Beckenboden Kontakt aufnehmen kannst, hast du schon viel erreicht.

Atembeobachtung in Rückenlage

Leg dich bequem in Rückenlage und platziere deine Hände auf deine Rippen unterhalb deiner Brüste. Atme entspannt und lass deine Hände die Atembewegung beobachten. Spüren deine Hände, wie sie sich anheben beim Einatmen und wie sie sich senken beim Ausatmen?

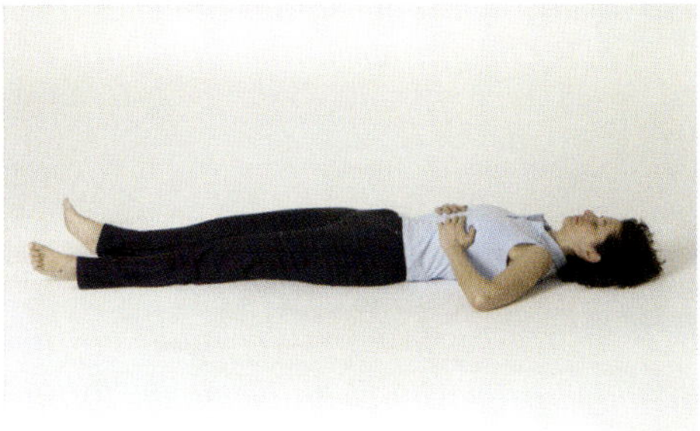

Die Hände beobachten die Atembewegung im Brustkorb

Nach ein paar Atemzügen des Beobachtens wandern deine Hände auf den Bauch, eine Hand oberhalb und die andere unterhalb des Nabels. Wie spürst du hier die Atembewegung?

Die Hände beobachten die Atembewegung im Bauchraum

Auch dein Beckenboden bewegt sich wie dein Bauch mit der Atmung mit. Beim Einatmen weitet er sich, beim Ausatmen kommt er zurück.

Jedes Mal, wenn deine Hände auf dem Bauch die Ausatmung wahrnehmen, kannst du deinen Beckenboden anspannen und in deinen Körper hineinholen. Beim Einatmen lässt du deinen Beckenboden wieder ganz entspannt, locker und weich werden. Wiederhole dies ein paar Mal.

Verstärke nun die Wirkung deiner Ausatmung, in dem du mit dem chchch… ausatmest und dabei den Beckenboden anspannst.

Wichtig:
Es gibt Frauen, die Schwierigkeiten haben, ihr Beckenbodentraining im korrekten Atemrhythmus durchzuführen. Wenn du zu ihnen gehörst, dann konzentriere dich darauf, dass du bei der Anspannung so atmest, wie es gerade kommt.
Vielleicht gelingt es dir nach einiger Zeit die Anspannung mit der Ausatmung zu koordinieren. Ein Trick hierzu: rede bei der Anspannung, so atmest du aus. Sag zum Beispiel chchch … .

Tagestipps

- Gib dir über den Tag verteilt Momente, um deine Atmung zu beobachten. Wohin breitet sich dein Atem im Körper aus? Wenn du feststellst, dass du nur oberflächlich atmest, dann locke den Atem in deine Tiefen.
- Versuche die Variante B deines Basisprogramms, dem Atemrhythmus angepasst auszuführen. Anspannen während der Ausatmung, loslassen während der Einatmung.

Beobachtung für Fortgeschrittene
- Geniesse während ein paar Minuten eine Atemreise. Sie wird dir helfen, Ruhe und Entspannung zu finden. Kannst du deinen Atem in sämtliche Bereiche deines Rumpfes locken?

Spezialatmung

Heute schauen wir die Atmung noch vertiefter an. Gestern hast du erfahren, wie sich beim Atmen Zwerchfell und Beckenboden gemeinsam hinauf und hinunter bewegen und weshalb es logisch ist, bei der Ausatmung anzuspannen.

Es gibt aber Ausnahmen, wenn die Atmung etwas anderes bezweckt und so der Effekt auf den Beckenboden genau umgekehrt als üblich ist. Nämlich beim **Saugen und Seufzen.**

Saugen

Stelle dir vor, du hältst einen Trinkhalm im Mund und saugst durch diesen die Luft ein. Während des Saugens beobachtest du deinen Beckenboden. Spürst du, was er macht? Spürst du, wie er aktiviert wird und hoch kommt?

Saugen ist Einatmen und wirkt aktivierend auf den Beckenboden.
Wir können also den Beckenboden in uns hochsaugen. Da aber das Saugen nicht der normalen Atmung entspricht, und wir normalerweise nicht Atemzug um Atemzug die Luft ansaugen, macht dies wenig Sinn für das regelmässige Training.

Seufzen

Und nun seufze, lasse einen lauten, herzhaften Seufzer von dir. Spürst du wie dies löst, wie Spannungen verschwinden und alles lockerer wird – was macht dein Beckenboden?

Seufzen ist Ausatmen und wirkt entspannend auf den Beckenboden.
Der entspannende Effekt des Seufzens kann ganz bewusst nach einer längeren oder anstrengenden Beckenbodenspannung zum Loslassen und Entspannen genutzt werden.

Beim richtigen Toilettenverhalten wurde bereits erwähnt, dass der beste Laut auf der Toilette das Ahhh... ist, um so das Ausscheiden von Urin/Stuhlgang oder Wind zu erleichtern. Dieses Ahhh... entspricht dem Seufzen.

Atemreise in Bauchlage

Bevor du dich auf den Bauch legst, lies die folgende Übung. Im Liegen erinnerst du dich vielleicht nicht mehr an jedes Detail der Beschreibung, doch das macht nichts. Mach, was dir in den Sinn kommt.
Lege dich auf den Bauch. Die Hände unter dem Kopf, so dass du deine Stirn auf die Hände, oder den Kopf seitlich auf die Hände ablegen kannst. Wichtig ist, dass dein Nacken und deine Schultern entspannt sind. Auch dein Gesäss, deine Beine, deine Füsse, sind locker und entspannt.
Richte deine Aufmerksamkeit auf den Atem, atme normal weiter und beobachte den einströmenden Atem.
Wohin fliesst dein Atem? Versuche deinen Atem in deinem Brustkorb nach hinten zu locken.
Kannst du den Atem auch seitlich, zu deinen **Rippen** hin wahrnehmen? Spürst du, wie du breiter wirst mit dem Einatmen und wieder schmaler beim Ausatmen?
Achte nun auf die **Auflagefläche deines Bauches.** Spürst du, wie sich diese beim Ein- und Ausatmen verändert?
Was macht dein Gesäss beim Ein- und Ausatmen? Spürst du, wie es sich im Atemrhythmus etwas hebt und senkt?

Tag 18

Beginne nun während der Ausatmung chchch … zu sagen. Beachte dabei deinen Beckenboden. Kannst du ihn bei dieser betonten Ausatmung wahrnehmen? Nimm ihn jetzt bewusst mit, spanne ihn während des Ausatmens (chchch …) an und lass ihn beim Einatmen wieder los. Nach 5 bis 10 Ausatmungen machst du eine Pause und beobachtest entspannt, wo überall dein Atem hinfliesst. Wenn du magst, arbeitest du dann nochmals 5- bis 10-mal mit deinem Beckenboden, begleitet von deiner Ausatmung.

Tagestipps

- Probiere den Effekt von Seufzen und Saugen aus.
- Versuche bei allen Wartesituationen an deinen Beckenboden zu denken und ihn mit einer Übung aus dem Basisprogramm (Varianten A, B und C) zu aktivieren.
- Geniesse die Atemreise in Bauchlage (oder im Sitzen oder in Rückenlage).

Aufgabe für Fortgeschrittene

- Stelle dir eine Geburtstagstorte vor und blase alle Kerzen aus. Während des Blasens beobachtest du deinen Beckenboden. Spürst du, wie er aktiviert wird und leicht in dir hochkommt? Es gibt Frauen, die spüren dabei kein Hochkommen, sondern ein Hinuntergehen. Das ist verkehrt. Wenn es bei dir der Fall ist, dann blase nochmals die Kerzen aus und nimm diesmal deinen Beckenboden bewusst mit hoch.

Die Füsse

Heute befassen wir uns mit den Füssen, und morgen zeigen wir den Zusammenhang der Füsse mit dem Beckenboden auf.

Für deinen Beckenboden und überhaupt für deine ganze Haltung ist es von Bedeutung, dass du richtig auf deinen Füssen stehst. Dies beginnt damit, dass du wirklich auf beiden Füssen stehst. Wir Frauen sind häufig wie Störche. Wir stehen nur auf einem Bein. Zwar sind bei uns beide Füsse auf dem Boden, aber wir geben das ganze Gewicht nur auf ein Bein. So stehen wir z.B. an der Bushaltestelle. Beobachte dich und die Frauen in deinem Umfeld. Wann steht Frau auf beiden Beinen?

Teste, wie sich deine Ausstrahlung positiv ändert, wenn du dein Gewicht auf beide Füsse stellst. Auch deine verbalen Mitteilungen erhalten mehr Beachtung.

„Wie stehe ich auf meinen Füssen?“
Steh barfuss und achte, wie du deine Füsse belastest. Wo, an welchen Stellen deines Fusses gibst du dein Körpergewicht auf den Boden ab? Mehr auf den Vorfuss oder mehr auf die Ferse?
Versuche nun deinen Körper über die Füsse zu stellen, so dass du die Hälfte deines Körpergewichts auf dem Vorfuss spürst und die andere Hälfte auf der Ferse. Hebe nun dein Fussgewölbe so weit an, bis du bei der Ferse das Gewicht aussenseitig und vorne beim Vorfuss innenseitig (Grosszehengrundgelenk) abgibst. Achte darauf, dass das Grosszehengrundgelenk sich nicht vom Boden abhebt. Dies wäre ein Zeichen, dass du dein Fussgewölbe zu fest aufgerichtet hast. Auch dein Kleinzehengrundgelenk bleibt auf dem Boden. Wenn du auf deine Füsse hinunterschaust, sollten diese leicht V-förmig ausgerichtet sein.

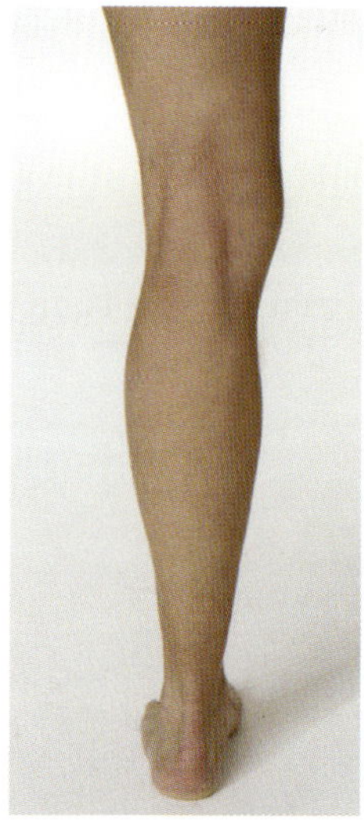

Richtige Fussposition von hinten (die Ferse verläuft senkrecht)

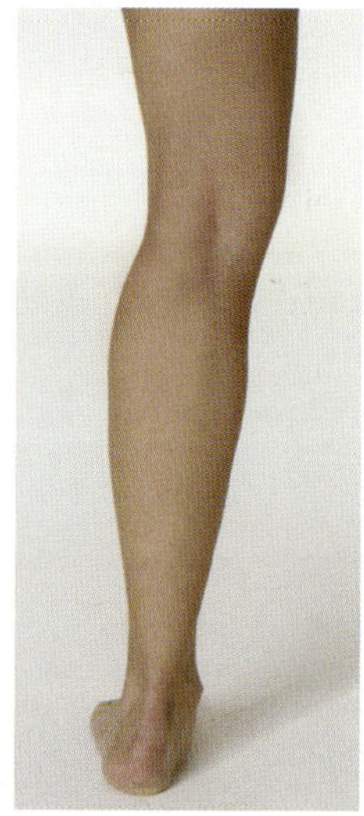

Falsche Fussposition von hinten (die Ferse knickt einwärts)

Unser Fuss hat ein Längs- und ein Quergewölbe. Die Fussmuskeln bringen die Fussknochen in diese Gewölbeformen. Da wir bereits im Kleinkindesalter die Füsse in Schuhe mit Fussbett stecken, verkümmern die Fussmuskeln und die Fussgewölbe und flachen ab. Wer häufig einen sogenannten Gesundheitsschuh mit ausgeprägtem Fussbett trägt, bekommt mit der Zeit „träge“ Fussmuskeln, da durch die gute Stütze der Fussgewölbe die Muskeln immer weniger arbeiten müssen. Solche gut gestützten Füsse werden mit der Zeit bis zu einer Schuhnummer grösser, weil das Gewölbe durch die abgeschwächten Fussmuskeln nicht mehr stabilisiert werden kann.

Der Fuss wird richtiggehend hinunter getreten. Das Problem beginnt bereits im Kindesalter. Kaum werden die Kinder mobil, werden ihnen Pantoffeln oder Schuhe angezogen. Das Kind kann seine Füsschen und Zehen kaum mehr bewegen und die Fussmuskeln können sich nicht richtig ausbilden.

Deine Füsse brauchen eine gute muskuläre Stabilisierung. Überall im Körper hält dich die Muskulatur zusammen. Ist sie zu schwach, fällst du auseinander (Haltungszerfall, Gelenke die falsch belastet werden, hinuntergetretene Fussgewölbe ...)
Wenn du eine schlechte Haltung korrigieren willst, trägst du auch nicht gleich ein stabilisierendes Korsett, sondern du versuchst es in der Regel zuerst mit Rumpfkräftigungsübungen und Haltungsschule. Einlagen oder die Fussbette der Gesundheitsschuhe sind mit einem Korsett zu vergleichen. Der Fuss wird so gut gestützt, dass sich die Fussmuskeln verabschieden können, weil sie nicht mehr gebraucht werden. Gut stützende Schuhe sind dann wichtig, wenn du lange stehen musst, oder zum Abfedern von Schlägen und Sprüngen bei sportlicher Betätigung. Doch gerade für solche Fälle ist auch wieder ein gutes Fussmuskeltraining von Bedeutung.

„Wie trainiere ich meine Fussmuskeln?"
Am besten, wenn du so wenig wie möglich Schuhe trägst, das heisst, zu Hause barfuss gehst, wenn der Boden kalt ist in warmen Socken.
Da unebener Boden (Wiese) für unsere Füsse und besonders die Fussmuskeln am besten ist, solltest du bei entsprechender Witterung barfuss im Garten, im Schwimmbad oder auf dem Campingplatz umhergehen. Da dies oft nicht möglich ist, ist es wichtig, dass du deine Füsse kräftigst. Das machst du schon, indem du sie immer wieder bewegst. Achte, dass deine Schuhe den Füssen genügend Platz bieten und die natürliche Fussform berücksichtigen, so dass du dein Gewicht gleichmässig auf den Vorfuss und die Ferse verteilen kannst. Daneben helfen dir Balance-

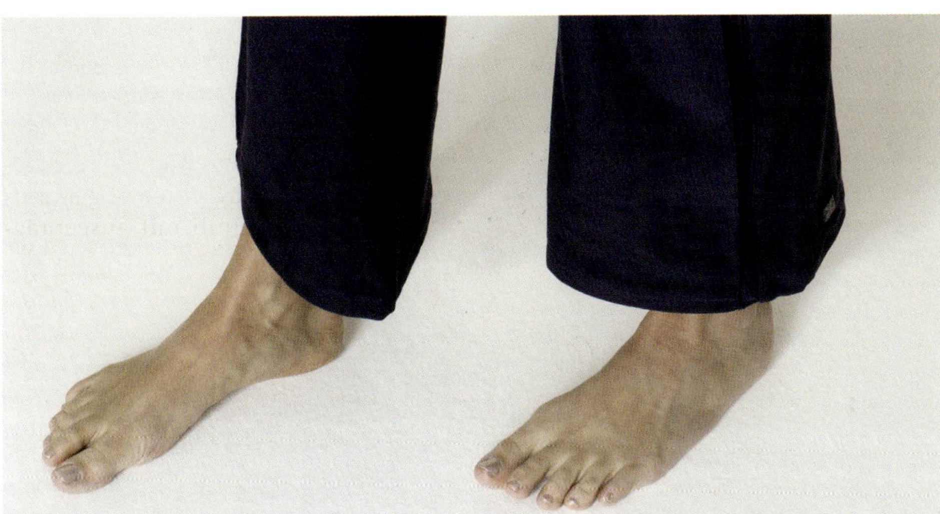

übungen im Stehen (siehe 36. Tag), um zu einer guten muskulären Stabilisierung deiner Füsse zu kommen.
Zeig deine Füsse einer Fachperson, bevor diese deformiert sind. (Hallux, Spreizfuss, etc.) In gewissen Fälle wird eine spezifische Fussgymnastik nötig sein, aber es gibt auch Situationen, wo eine Einlage oder ein Spezialschuh seine Berechtigung hat.

Tagestipps

- Wie wäre es, wenn du dich heute ganz deinen Füssen widmest. Geniesse ein Fussbad, und massiere anschliessend deine Füsse mit einer guten Creme.
- Schau dir deine Füsse an. Hast du erste Zeichen von Fehlbelastungen oder Druckstellen?
- Spaziere in weissen Socken zu Hause herum und analysiere dann die Form des Fussabdrucks, welcher sich auf weissen Socken (auch bei sauberem Fussboden) gut sichtbar bildet. Ist der Schmutz hauptsächlich auf der Fersenaussenseite und beim Grosszehengrundgelenk? Wenn nicht, arbeite mit deinen Fussmuskeln.
- Basisprogramm in den Varianten A, B (50-mal) und C – vielleicht benutzt du dazu den Softball.

Für Fortgeschrittene und alle, die mehr für ihre Füsse machen möchten:

- Trainiere spielerisch deine Fussmuskeln. Zum Beispiel Faust machen mit den Füssen im Wechsel mit Strecken und Zehen vom Boden abheben, Zehen spreizen, Fussgewölbe maximal aufrichten und die Zehen dabei entspannt lassen. Laufe zwischendurch im Wechsel auf den Fersen, dann auf den Zehen und dann auf der Fussaussenkante in deiner Wohnung umher. All dies ist auch gegen chronisch kalte Füsse zu empfehlen.

Unsere Füsse im Zusammenhang mit dem Beckenboden

Erspüre den Zusammenhang Füsse und Beckenboden

Am besten stehst du dazu mit nackten Füssen und Beinen vor einen Spiegel. Schaue dir deine Füsse an. Lass dein Fussgewölbe einsinken (du stehst nun auf der Ferseninnenseite), und richte dann dein Fussgewölbe wieder auf (du stehst nun auf der Fersenaussenseite – aber dein Grosszehengrundgelenk bleibt immer belastet und in Bodenkontakt). ***Wechsle zwischen aufgerichtetem Gewölbe und eingesunkenem Gewölbe hin und her.***
Beobachte: ***Was passiert mit deinen Sprunggelenken?*** *Siehst du, wie diese bei eingesunkenem Gewölbe einwärts knicken und sich bei aufgerichtetem Gewölbe auch wieder aufrichten?*
Und was passiert mit deinen Knien? *Siehst du, wie diese bei eingesunkenem Fussgewölbe in X-Bein Position sind? Viele Frauen haben X-Beine. Der Grund ist oft, dass sie nicht richtig auf den Füssen stehen, da sie wegen einer ungenügenden Fussmuskulatur das Fussgewölbe nicht aufrichten können.*
Beobachte deine Oberschenkelaussenseite *und horch in dich hinein. Spürst und siehst du, wie sich mit korrekter Fusspositionierung deine Oberschenkel-Silhouette verschönert? Wie du in der Tiefe deiner Schenkelaussenseite Muskelspannung wahrnehmen kannst? Wenn nicht, drehe deine Beine so stark auswärts, dass O-Beine entstehen (lass dein Grosszehengrundgelenk aber auf dem Boden). Nun spürst du sicher die Muskelspannung in deiner Hüfte und im Gesäss. Nun versuche es nochmals, ohne O-Beine, richte wieder dein Fussgewölbe auf und gehe nochmals mit der Aufmerksamkeit zu deiner Hüfte. Spürst du jetzt die Muskelaktivität? Es handelt sich dabei nicht um eine kraftvolle Anspannung, sondern um eine feine Spannungsveränderung (der Tonus im Muskel nimmt zu). Deine Hüftgelenke werden weit. Sie fühlen sich „offen" an.*

Und nun beobachte was beim Verändern deiner Fussposition mit deinem Beckenboden passiert. *Wenn du bereits über eine verfeinerte Wahrnehmung verfügst, dann spürst du, wie auch deine Beckenbodenmuskulatur mehr Tonus bekommt, sobald du richtig auf deinen Füssen stehst.*

Richtige Fuss- und Beinposition – das Fussgewölbe ist aufgerichtet – die Knie sind parallel – die Hüftgelenke fühlen sich „offen" an – der Beckenboden ist wach.

Falsche Fuss- und Beinposition – das Fussgewölbe ist eingefallen – die Knie machen X-Beine – die Hüfte fühlt sich „zu" an – der Beckenboden ist schwach.

Schütze deinen Beckenboden: Wann immer du von deinem Beckenboden erwartest, dass er dir im Alltag hilft, vermeide X-Beine, sie sind meist ein Zeichen falsch belasteter Füsse und eines nicht einsatzbereiten Beckenbodens.

Achtung – keine X-Beine!

Viele Frauen setzen sich im Alltag öfters Belastungen aus, bei denen sie in X-Beine geraten, also in eine Position kommen, wo es ihnen unmöglich oder nur erschwert möglich ist, ihren Beckenboden zu aktivieren und so zu schützen. Hier ein paar Beispiele:

- **Beim richtigen Bücken.** Bücke dich, indem du in die Knie gehst und beobachte dabei deine Füsse und Knie. Kannst du dein Fussgewölbe aufgerichtet und deine Knie gerade halten?

- **Beim Absitzen und Aufstehen von einem Stuhl.** Wie sieht es da mit deinen Knien aus? Bleibt der Abstand zwischen den Knien erhalten und dein Fussgewölbe aufgerichtet? Wenn ja, dann machst du es sehr gut.

- **Beim Niesen und Husten.** Viele haben Angst, dabei Urin zu verlieren und klemmen die Beine zusammen. Knie an Knie klemmen gibt X-Beine, und der Beckenboden kann so kaum mehr seine Kraft aufbauen. Wenn die Frau dann beim Husten oder Niesen auch noch einen runden, krummen Rücken macht, lässt die Spannung im Beckenboden noch mehr nach (siehe 7. Tag). Also lasse deine Beine beim Niesen parallel oder kreuze sie (= Auswärtsdrehung).

Falsche Position zum Husten und Niesen: X-Beine und krumme Haltung – so ist der Beckenboden schwach.

- **Beim Jogging.** Viele Joggerinnen, besonders solche, die nie einen richtigen Laufstil gelernt haben, fallen in X-Beine, vor allem, wenn sie müde sind. Der Beckenboden kann so nicht mehr genügend auf die Schläge des Joggens reagieren und begünstigt eine Senkung.

- **Beim Velo fahren.** Die Knie sollen dabei nicht zueinander schauen, sondern parallel zueinander verlaufen. Sogar im Fitnesscenter auf dem Fahrradergometer machen viele Frauen X-Beine.

Richtige Positionen zum Husten und Niesen: gerade oder überkreuzte Beine und aufgerichtete Haltung – so ist der Beckenboden wach.

Tagestipps

- Beobachte deine Fuss- und Beinposition den ganzen Tag bei verschiedensten Tätigkeiten. Versuche das Zusammenspiel mit dem Beckenboden zu erspüren.

- Basisprogramm in den Varianten A, B und C – vielleicht machst du heute wieder die „Becken geht in die Höhe“ -Übung (siehe 15. Tag).

Beobachtung für Fortgeschrittene

- Spürst du, wie sich deine Beine bei einer kraftvollen Beckenbodenaktivierung nach aussen drehen? Teste dies im Liegen, in Bauch- und Rückenlage mit gestreckten Beinen.

„Ich habe keine Zeit“

Heute bist du seit drei Wochen auf deiner persönlichen Entdeckungsreise. Sicher konntest du bereits einige Zusammenhänge zwischen Beckenboden und anderen Körperregionen wahrnehmen.

Vielleicht hast du zwischendurch auch mal gedacht „ich habe keine Zeit, um meine Übungen zu machen“.

Eigentlich ist das Beckenbodentraining keine Frage der Zeit, vielmehr eine Frage, ob die vielen kleinen und grösseren Wartesituationen im Alltag als Beckenbodenübungszeit erkannt werden.

Wenn dein Beckenboden schwach ist und du selber kein regelmässiges Beckenbodentraining schaffst, dann kann der Besuch eines Beckenboden-Kurses hilfreich sein (Infos siehe im Anhang). Das Arbeiten in der Gruppe ist oft sehr motivierend.

Versuche auch den „Post–it“-Trick. Dass heisst, du hängst zu Hause oder an deinem Arbeitsplatz drei bis vier „Post-it“-Zettelchen (= selbsthaftende Zettelchen) auf. Darauf schreibst du „BeBo“. Sie werden dich ans Training erinnern. Hänge die Zettelchen nach einer Woche um, wenn sie zu lange am selben Ort hängen, nimmst du sie nicht mehr wahr. Lass auch dieses Buch im Wohnzimmer oder sonst wo herumliegen. Jedes Mal wenn du es siehst, erinnert es dich ans Üben.

Beckenbodentraining im Alltag

Hier ein paar Situationen, welche du als deine persönliche „Beckenbodenzeit“ nutzen kannst.

- Beim Autofahren: Jedes Rotlicht und jeder Stau ist Beckenbodenzeit
- Im Tram/Bus/Zug: Nutze die Zeit zwischen zwei Haltestellen, um zu üben.
- Warten an der Haltestelle: Üben im Stehen.
- Jedes Mal, wenn ein Telefon klingelt: Bei jedem Klingeln anspannen.
- Wenn du am Telefon bist, und wartest bis die andere Person abnimmt oder die Stimme „bitte bleiben sie am Apparat ...“ kommt ist Beckenbodenzeit.
- Am Computer: Bis du im richtigen Programm bist – üben.
- Jedes Mal, wenn du auf deine Uhr schaust: Anspannen.
- In der Küche: Wenn du den Kochtopf mit Wasser füllst. Üben bis er voll ist und gut anspannen, während du den Kochtopf vom Wasserhahn zum Herd trägst.
- Nach der Toilette: Beckenboden anspannen.
- Im Lift: Nutze diesen Moment, um auch gleich mit deinem Beckenboden Lift zu fahren. Stockwerk um Stockwerk höher kommen.
- Sicher fallen dir noch weitere „Beckenbodenzeit“ – Situationen ein.

Lift fahren

Stelle dir vor, du hältst etwas mit deinem Afterschliessmuskel fest, einen Kirschstein, eine Perle, ein Getreidekorn ... . Hole dies in dir hoch, wellenförmig, als wäre es ein Schlucken, ein Hineinziehen oder eben ein Liftfahren*. Spürst du, wie dein Beckenboden, besonders im hinteren Bereich, arbeitet? Lass dann wieder langsam los. Entspanne ganz bewusst deinen After, atme tief ein und aus, seufze und lockere deinen Kiefer. Das ist eine Kräftigungsübung für den hinteren Beckenbodenbereich, besonders zu empfehlen bei einer Schwäche um den After.

Tag 21

Mit dem After geht diese Übung am einfachsten. Doch du kannst auch mit deiner Vagina und Harnröhre das Liftfahren ausprobieren, besonders dann, wenn du eine Schwäche im vorderen Beckenbodenbereich hast.

* Abgeleitet von der Reiskornübung aus dem Tanzberger-Konzept

Tagestipps

- **Arbeite heute nochmals mit den Themen der letzten drei Wochen, welche dir am meisten Mühe bereiten oder für dich am wichtigsten sind.** Sei dies die Wahrnehmung deines Beckenbodens und der drei Muskelschichten (=Grundübungen), das Basisprogramm mit den Varianten A, B und C, das richtige Toilettenverhalten, die Trinkmenge, Übungen gegen Senkung, deine Atmung oder die korrekte Fussbelastung.
- Wähle 1 bis 3 Alltagssituationen aus, bei welchen du in den nächsten Wochen jeweils deinen Beckenboden kräftigen willst, so dass du 50 bis 100 Wiederholungen pro Tag erreichen kannst.
- Probiere die Liftfahr-Übung aus.

Übungsergänzung für Fortgeschrittene

- Lift fahren: Kannst du ein paar Stockwerke hoch und dann schön langsam hinunterfahren?

Die Entdeckungsreise führt dich in den nächsten Tagen zur aufrechten Haltung. Für den Beckenboden ein sehr wichtiges Thema. Die zusammengesunkene krumme Haltung ist für den Beckenboden sehr belastend.

Schütze deinen Beckenboden: Beckenbodentraining beginnt mit der Aufrichtung der Wirbelsäule!

Wieso ist die aufrechte Haltung für den Beckenboden wichtig?

1. In aufrechter Haltung ist dein Beckenboden entlastet

Lege dir eine Hand auf dein Brustbein und die andere Hand auf dein Schambein. Setz dich aufrecht hin und achte auf den Abstand deiner Hände. Nun sinke in dich zusammen. Werde krumm im Rücken und beobachte wie sich deine beiden Hände annähern. Dein Bauchinhalt hat weniger Platz. Spürst du, wie sich dein Bauch aus Platzmangel nach aussen wölben muss? Dein Bauchinhalt wölbt sich nicht nur nach aussen, sondern gibt innerlich auch Druck nach unten auf den Beckenboden. Dein Beckenboden ist belastet, wenn du so eingesunken dasitzt.

2. In aufrechter Haltung ist dein Beckenboden wach und kann so reflektorisch gegenhalten und mehr Kraft aufbauen

Erinnerst du dich an die erste Regel – aufrecht bleiben beim Husten und Niesen (7. Tag)?
Mach gleich nochmals den Test: Kannst du eine maximale Beckenbodenanspannung halten, wenn du dabei in die krumme Haltung gehst?
Nur in der aufrechten Haltung ist dein Beckenboden wach und stark. Bleib deshalb bei allen Druckveränderungen im Bauchraum aufrecht.

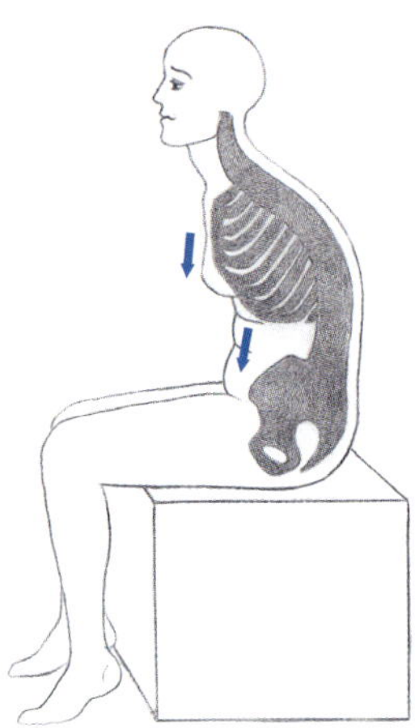

Krumme Haltung – der Bauchraum ist klein – die Organe wölben sich nach aussen und unten – der Beckenboden ist belastet.

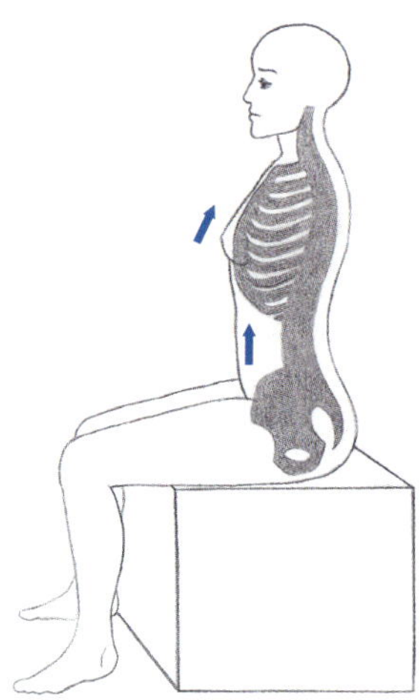

Aufrechte Haltung – der Bauchraum ist gross – die Organe haben Platz.

Immer wenn du erwartest, dass der Beckenboden dir hilft, bleibst du in aufrechter Haltung.

3. In aufrechter Haltung schwingt dein Beckenboden bei jedem Atemzug mit dem Zwerchfell mit.
Das gefällt dem Beckenboden, sowie den Organen. Erinnere dich an die Organmassage (17. Tag). Die Verdauung wird dadurch angeregt und so die Gefahr des Pressens wegen Verstopfung gebannt. Der Beckenboden wird dank den Atembewegungen aktiviert und besser durchblutet.

4. Deine Organe bleiben da, wo sie hingehören.
In krummer Haltung werden deine Organe nach unten verlagert. Die Organe sind mit Bändern im Bauchraum fixiert. Durch jahrelange Verlagerungen der Organe, wie bei krummer Haltung aber auch beim Pressen und bei Sportarten mit vielen Schlägen und intensiven Schwingungen, werden diese Bänder oft schlaff und die Organe senken sich, besonders bei schlechtem Bindegewebe.
Eines dieser Bänder kann deutlich wahrgenommen werden. Das Nabel-Blasen-Band. Es hängt die Blase nach oben auf. Stecke dir einen Finger in deinen Nabel und massiere ihn kraftvoll. Es kann etwas unangenehm sein und ein Kribbeln im Unterbauch bis zur Blase auslösen. Kannst du es wahrnehmen? Es ist eines der Bänder, das die Blase fixiert. Stelle dir dieses Band vor, wie schlaff es in krummer Haltung ist und wie es sich anspannt, wenn du aufrecht bist.

Die Wirbelsäule – eine bewegliche Säule

Bewegung ist wichtig und gesund für die gesamte Wirbelsäule, für ihre Gelenke und die Bandscheiben, aber auch für die Rumpfmuskeln. Das heisst, du darfst deine Wirbelsäule in alle ihr möglichen Richtungen bewegen.
Bleib aber nicht stundenlang in einer Position, die nicht der natürlichen Wirbelsäulenform entspricht. Schon gar nicht mit zusätzlicher Belastung (z.B. Gepäck). Dabei erleiden die verschiedenen Strukturen (Gelenke, Muskeln, Sehnen, Bänder, Nerven, Bandscheiben) Schädigungen. Rückenverspannungen und Schmerzen sind häufig auf eine schlechte Körperhal-

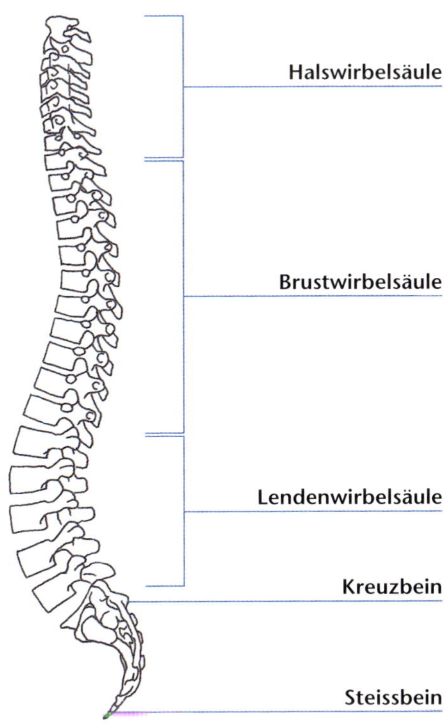

tung, abgeschwächte Muskulatur und zu wenig Bewegung zurückzuführen.

Um die aufrechte Haltung aufzuzeigen, unterteilen wir die Wirbelsäule in drei Abschnitte: Lendenwirbelsäule mit Becken, Brustwirbelsäule mit Brustkorb, Halswirbelsäule mit Kopf. In den nächsten drei Tagen wirst du je einen dieser Wirbelsäulenabschnitte kennen lernen.

Tagestipps

- **Schenke heute deiner Wirbelsäule besondere Aufmerksamkeit**
  Taste deine Wirbelsäule ab, horche in sie hinein – wie fühlt sie sich an – gibt es Stellen die schmerzen oder verspannt sind?
- Locke deinen Atem bis zur Wirbelsäule. Kannst du „in deinen Rücken atmen"? Vielleicht gelingt es dir mit deinem Atem die Wirbelsäule zu streicheln?
- **Bewege deine Wirbelsäule**
  Sei dies im Sitzen, Stehen und Liegen. Bewege sie auf alle dir nur erdenklichen Arten. Lass deine Wirbelsäule tanzen, sich wie eine Schlange bewegen, geschmeidig, fein, langsam oder zackig ... wie du magst und was dir gut tut.
- **Strecke dich immer wieder in die Länge**
  Kein Hund oder keine Katze, die sich nicht ausgiebig streckt und reckt, bevor sie nach einer Ruheposition davon läuft. Mach es ihnen gleich. Strecke dich mehrmals am Tag.
- Basisprogramm: Varianten A, B und C – vielleicht gehst du dazu in die Knie-Ellbogen-Lage?

Fortgeschrittene

- Bewege jeden Wirbelsäulenabschnitt (Lendenwirbelsäule mit Becken, Brustwirbelsäule mit Brustkorb, Halswirbelsäule mit Kopf) bewusst in alle mögliche Richtungen bis sich deine Muskeln locker und warm anfühlen.
- Achte auf den Beckenboden. In welcher Beckenposition kannst du ihn am einfachsten anspannen?

Lendenwirbelsäule, Kreuzbein, Steissbein, Becken

Der erste Haltungsabschnitt besteht aus **Steissbein und Kreuzbein**, der **Lendenwirbelsäule** (5 Wirbel) und dem **Becken**. Im Volksmund wird die Lendenwirbelsäulenregion als „Kreuz" bezeichnet.

Zuerst etwas zum Mythos Hohlkreuz: Viele haben Angst vor dem hohlen Kreuz. Das Kreuz, also die Lendenwirbelsäule, ist von Natur aus hohl, und heisst Lendenlordose. Diese Lendenlordose verläuft in einem harmonischen Bogen vom Becken bis zur Brustwirbelsäule. In dieser Haltung ist unsere Wirbelsäule am belastbarsten, der Druck auf die Bandscheiben ist gleichmässig. Zudem ist ein zu hohles Kreuz für unsere Gesundheit nicht schlechter als das Gegenteil: ein zu flaches, durchgesacktes bis rundgewölbtes Kreuz. Beides sind nämlich Endpositionen der Bewegungsmöglichkeit der Wirbelgelenke im Kreuzbereich. Bei anderen Gelenken deines Körpers käme es dir nicht in den Sinn, immer wieder über längere Zeit in einer Endposition zu hängen. Nimm beispielsweise deinen Ellbogen. Diesen hältst du so gut wie nie ganz gestreckt oder ganz angewinkelt. Doch mit unseren Gelenken der Lendenwirbelsäule machen wir genau das, entweder hängen wir ganz nach vorne oder ganz nach hinten. Am wohlsten wäre es allen Gelenken in einer Mittelposition. Versuche diese für deine Lendenwirbelsäule zu finden.

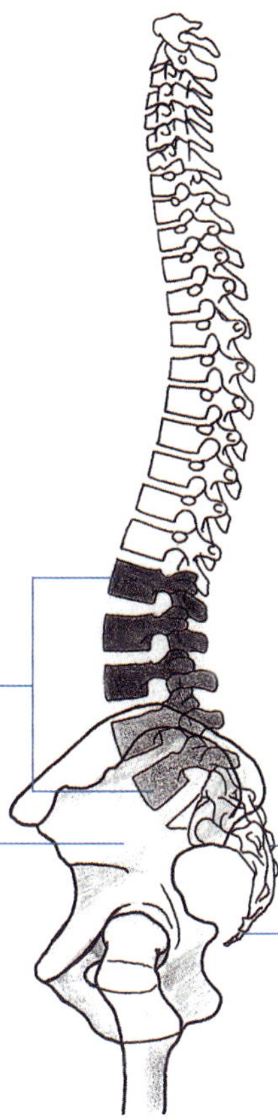

Ein Merkmal der korrekten Haltung im Lendenwirbelsäulen- und Beckenbereich ist die gefühlsmässig parallele Position des Beckenbodens zum Fussboden.

Richtige Beckenhaltung

Diese Übungen helfen dir deine richtige Becken- und Lendenwirbelsäulenhaltung zu finden.

Im Sitzen: *Setz dich auf einen harten Stuhl und achte auf deine Sitzbeinhöcker. Rolle auf diesen vor und zurück. Spürst du, wie dabei deine Lendenwirbelsäule ihre Form ändert, vom Hohlkreuz bis zum gerundeten Kreuz. Verkleinere diese Vor- und Rück-Bewegungen, bis du an dem Ort zum Stillstand kommst, wo du das Gefühl hast, hier stimmt die Haltung deines Beckens und der Lendenwirbelsäule. Wo sitzt du nun auf deinen Sitzbeinhöckern? Sitzt du direkt darauf, etwas dahinter oder davor? Eine korrekte Sitzhaltung entsteht, wenn du auf deinen Sitzbein-*

höckern sitzt oder minimal davor. Achte auf die Lage deines Beckenbodens. In der korrekten Sitzposition liegt dieser gefühlsmässig parallel zum Fussboden. Sobald du auf deinen Sitzbeinhöckern nach hinten rollst, schaut dein Beckenboden nach vorne, wenn du nach vorne rollst, schaut er nach hinten.

Im Stehen: *Beachte, dass deine Knie locker ein wenig gebeugt sind. Bewege dein Becken vor und zurück. Werde nun langsamer und kleiner mit deinen Beckenbewegungen und bringe dein Becken da zum Stillstand, wo dein Beckenboden gefühlsmässig parallel zum Fussboden liegt.*

Richtige Haltung im Sitzen und Stehen – der Beckenboden liegt parallel zum Fussboden.

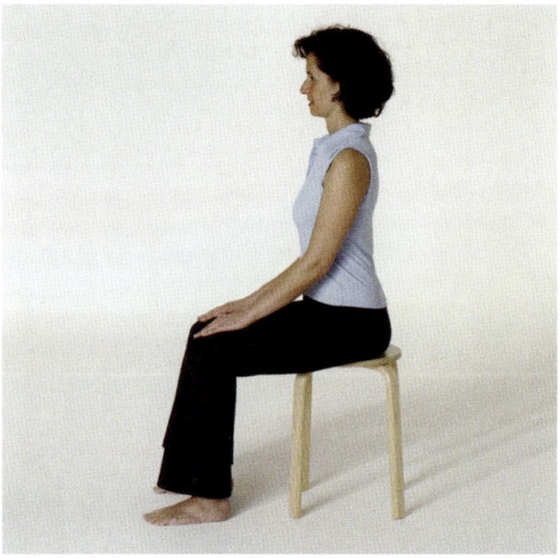

Steissbein zu weit hinten rausgestreckt im Sitzen und Stehen – der Beckenboden schaut nach hinten.

Schambein zu weit vorne im Sitzen und Stehen – der Beckenboden schaut nach vorne.

Die Goldene Kugel

Versuche die richtige Becken- und Lendenwirbelsäulenhaltung im Stehen mit der Übung „die goldene Kugel"* zu finden. Denk an dein knöchernes Becken und den Beckenboden. Stell dir vor, sie seien eine schöne, kostbare Schale. In dieser Schale liegt eine goldene Kugel. Bewege deine kostbare Schale vor und zurück und beobachte, wie die goldene Kugel in Bewegung kommt und in der Schale vor- und zurückrollt. Versuche sie mit entsprechenden Bewegungen auch seitlich und im Kreis herumrollen zu lassen. Probiere aus, verändere mit den Bewegungen und der Geschwindigkeit das Rollen der Kugel. Lass dir dafür ein paar Minuten Zeit. Wie fühlt es sich an? Vielleicht spürst du mit der Zeit die Wärme der goldenen Kugel? Dann werde langsamer, kleiner und feiner mit deinen Bewegungen. Versuche deine kostbare Beckenschale dort zum Stillstand zu bringen, wo deine goldene Kugel eingemittet liegen bleibt. Verweile in dieser Position. Achte auf deine Haltung. Wie stehst du da? Ist dein Beckenboden parallel zum Fussboden? Wie sind deine Füsse und Beine positioniert? Wie ist das Gefühl in deinen Schultern? Sind diese spontan schön locker geworden? Bleibe mit der Aufmerksamkeit noch einen Moment bei deiner goldenen Kugel und geniesse das Gefühl zentriert zu sein. Diese Übung ist besonders schön mit geschlossenen Augen. So bist du ganz bei dir und durch nichts abgelenkt.

* Therapeut. Übung aus dem Tanzberger-Konzept

Tagestipps

- Suche heute im Sitzen und Stehen immer wieder die richtige Haltung im Becken- und Lendenwirbelsäulenbereich.
- Probiere die Übung „die goldene Kugel" und geniesse das Gefühl zentriert zu sein.
- Varianten A, B und C – vielleicht in Rückenlage mit dem Softball unter deinem Gesäss.

Beobachtung für Fortgeschrittene

- Wie fühlt sich dein Beckenboden an, wenn du in korrekter Körperhaltung stehst oder sitzt im Vergleich zur Haltung mit krummem Rücken?

Brustwirbelsäule mit Brustkorb

Beachte heute den **mittleren Haltungsabschnitt**. Dieser besteht aus der Brustwirbelsäule (12 Wirbel), den **Rippen** und dem **Brustbein**. Von jedem Brustwirbel aus führt ein Rippenpaar nach vorne und ist direkt oder indirekt über den knorpeligen Rippenbogen mit dem Brustbein verbunden. So entsteht der Brustkorb. Den Boden dieses Korbes bildet das Zwerchfell, das Dach der Kehlkopf.

Am einfachsten ist die Haltungskontrolle, wenn du dich auf dein Brustbein konzentrierst. Da das Brustbein über die Rippen auch die Haltung deiner Brustwirbelsäule mitbestimmt, bewirkt das Anheben des Brustbeins auch die Aufrichtung der Brustwirbelsäule.

Die Haltung des Brustkorbes beeinflusst auch die Position der Schulterblätter, der Schultergelenke und der Arme. Sobald du in krummer Haltung bist, zieht es dir die Schulterblätter hoch, deine Schultern fallen nach vorne ein und deine Arme drehen sich einwärts. In der aufrechten Haltung kann alles seine korrekte Position einnehmen.

Arme und Haltung

Wechsle zwischen eingesunkener und aufgerichteter Körperhaltung hin und her. Was machen dabei deine Arme? Spürst du, wie sich diese bei krummer Haltung einwärts und bei aufrechter Haltung auswärts drehen? Bei korrekter Haltung schauen deine Handinnenflächen zu deinem Körper.

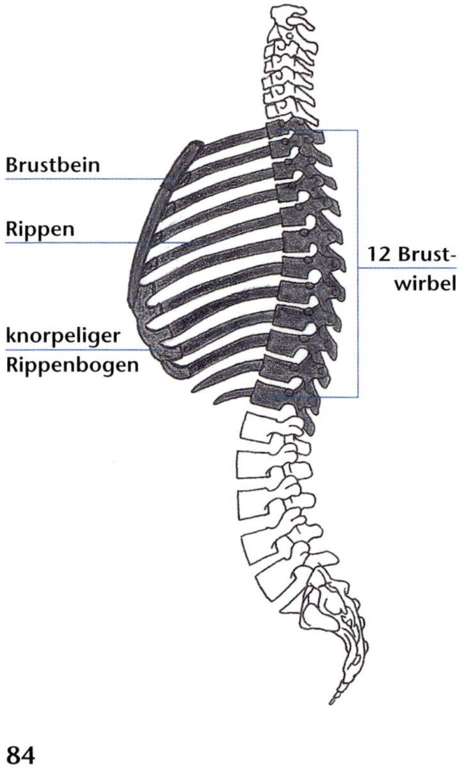

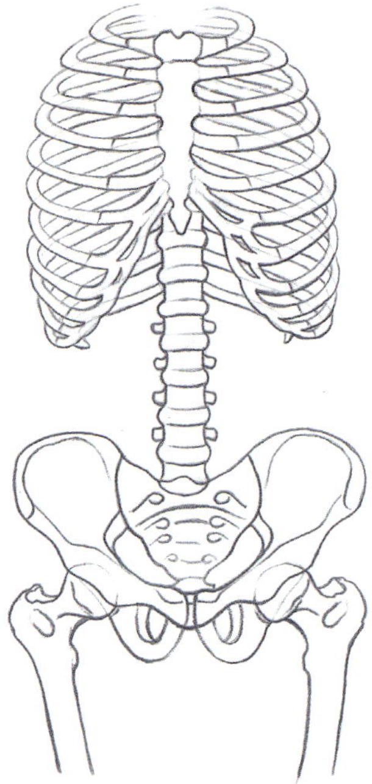

Wirbelsäule mit Becken und Brustkorb von vorne

Krumme Haltung – die Arme sind einwärts gedreht.

Aufrechte Haltung – die Arme sind auswärts gedreht.

Platz im Bauchraum

Platziere ein zwei Finger ans untere Ende deines Brustbeins. Wechsle nun zwischen aufrechter und krummer Haltung hin und her. Wenn du in krummer Haltung dasitzt, drückt sich dein Brustbein in deinen Bauchraum. In aufrechter Haltung ist dein Brustbein frei und drückt nirgends.
Dein Bauchraum ist ebenfalls freier, wenn du dein Brustbein und somit auch deinen Brustkorb aufgerichtet hast. Sobald du deinen Brustkorb hängen lässt, bleibt in deiner Bauchhöhle weniger Raum, und der Bauchinhalt muss sich nach aussen und unten verlagern. Dein Beckenboden wird (siehe auch 17. und 22. Tag) unnötig belastet, die Organmassage verhindert und deine Atmung findet nur noch im Brustraum statt.

Das Bild vom Stern

Das Brustbein wird auf lateinisch als „Sternum“ bezeichnet. Das „**Stern**um“ kannst du dir als einen wunderschönen, strahlenden Stern auf deiner Brust vorstellen. Im Alltag kann dir dieses Bild helfen, das Brustbein anzuheben und damit auch die Brustwirbelsäule aufzurichten. Stell dir vor, wie dieser schöne Stern dein Gegenüber anstrahlt.

Die Aprikose

Die Aprikose* – diese Übung ist zu einem eigentlichen Klassiker des Beckenbodentrainings geworden. Sie kräftigt und sensibilisiert die Beckenbodenmuskeln um die Vagina herum.
Stelle dir vor, dass eine Aprikose in deiner Vagina liegt (an dem Ort, wo sonst vielleicht ein Tampon liegt). Taste sie langsam mit deiner Vagina von allen Seiten her ab. Ist die Aprikose gross oder klein? Hart oder weich? Rund oder oval? Warm oder kalt?
Dann versuche ihr spielerisch die Haut abzuzupfen und sauge ihr am Fruchtfleisch. Du kannst sie auch drücken und quetschen. Dazu packst du sie immer wieder von einer anderen Seite her an. Quetsche sie jeweils für ein paar Sekunden. Danach wirst du mit ihr wieder ganz fein und zärtlich und formst sie wieder zurecht …
Du kannst mit deiner Aprikose noch anderes anstellen. Davon mehr in ein paar Tagen, wenn du mit diesem ersten Teil vertrauter bist.

* Therapeut. Übung aus dem Tanzberger-Konzept

Tag 24

Tagestipps

- Begleite mit deiner Aufmerksamkeit dein Brustbein. Es soll beim Gehen und Sitzen nach vorne oben angehoben sein und bildet so die vorderste Stelle deines Rumpfes. Vielleicht hilft dir dabei das Bild vom Stern auf deiner Brust.
- Werde dir deines Brustraums auch von innen her bewusst. Reise mit deinem Atem und deinem inneren Auge in deinen Brustraum und beobachte, wo sich dein Atem ausbreitet (17. Tag). Wie fühlt es sich in deinem Brustraum an? Wo siehst und fühlst du Raum und wo fühlst du Enge?
- Lasse deine Vagina mit Hilfe der Aprikosen-Übung spielerisch arbeiten.
- Übungen in den Varianten A, B und C – vielleicht machst du sie heute auf allen vieren.

Herausforderung für Fortgeschrittene

- Arbeite mit der Aprikose noch feiner und gezielter. Versuche sie in deiner Vagina hoch und hinunter zu locken.

Halswirbelsäule und Kopf

Unsere Halswirbelsäule besteht aus sieben Wirbeln und ist der beweglichste Wirbelsäulen-Abschnitt. Unser Hals ist die dünnste Körperstelle (abgesehen von den Extremitäten). Alles Lebenswichtige läuft hier durch; die Nerven des Rückenmarks, die Blutbahnen, die Luft- und die Speiseröhre.

Oben auf der Halswirbelsäule ruht unser Kopf. Diese „Kugel" wiegt 5 bis 7 kg und wird dank vielen Muskeln bewegt und fixiert. Diesen Muskeln fällt die Arbeit am einfachsten, wenn der Kopf schön eingemittet auf der Halswirbelsäule ruht.

Häufig tragen wir in unserem Alltag den Kopf zu weit vorne. Beobachte deine Kopfhaltung bei Computerarbeiten, beim Essen, beim Gehen (kontrolliere dein Spiegelbild in einem Schaufenster). Meistens ist der Kopf die vorderste Körperstelle. Richtigerweise sollte das Brustbein die vorderste Körperstelle sein. Weicht der Kopf nach vorne aus, müssen die Nackenmuskeln ein weiteres Wegrutschen des Kopfes verhindern. Die Folgen davon sind Verspannungen im Nacken- und Schulterbereich.
Denke an das Hebelgesetz aus der Physik: Wenn der Kopf fünf Kilo schwer ist und nach vorne verlagert wird, dann ist er für die Nackenmuskulatur ein Vielfaches davon.

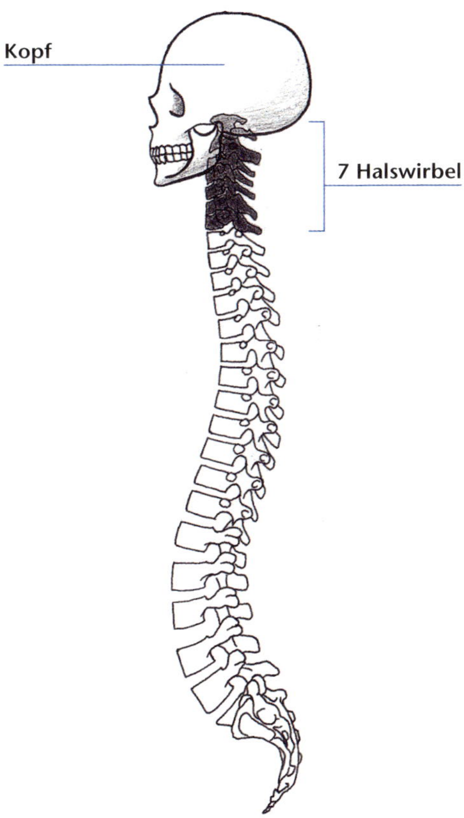

Aufrechte Haltung – das Brustbein ist weiter vorne als der Kopf.

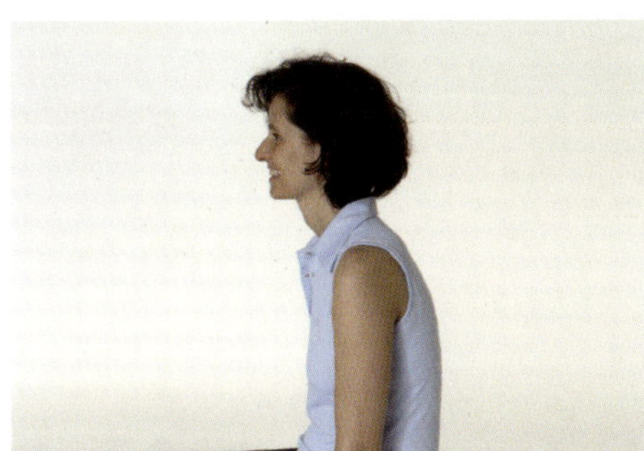

Krumme Haltung – der Kopf ist weiter vorne als das Brustbein

Ein Wunder, dass wir nicht jedes Mal, wenn wir den Kopf zu weit vorne tragen, sofort Nacken- und Kopfschmerzen kriegen, sondern erst nach jahrelanger Fehlhaltung.

Teste deine Kopf- und Nackenhaltung

Setze dich aufrecht hin. Lege eine Hand in den Nacken, so dass der kleine Finger oben beim Übergang zum Schädel und der Daumen unten am Ende der Halswirbelsäule (Knochenvorsprung) liegt. Achte auf den Abstand zwischen Daumen und Kleinfinger in der aufrechten Haltung und wie sich dieser Abstand deutlich verkleinert, sobald du in die krumme Haltung gehst (die Augen schauen gerade aus!). Das ist eine typische Fehlhaltung, zum Beispiel vor dem Computer, beim Autofahren, Essen, Gehen … In dieser Haltung haben auch Blutgefässe, Nerven, etc. weniger Raum.

Um festzustellen, ob sich dein Kopf und Nacken schon häufig in dieser Fehlposition befanden, brauchst du einen Spiegel. Wenn du am Nacken horizontale Linien siehst, dann war dies der Fall. Auch eine neunzigjährige Frau kann einen faltenfreien Nacken haben, wenn sie in aufrechter Haltung durchs Leben ging.

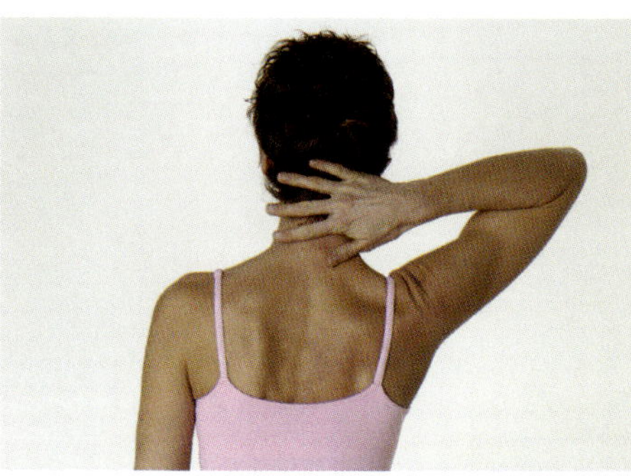

Nackentest: In aufrechter Haltung ist der Abstand zwischen Daumen und kleinem Finger gross. Der Nacken ist lang.

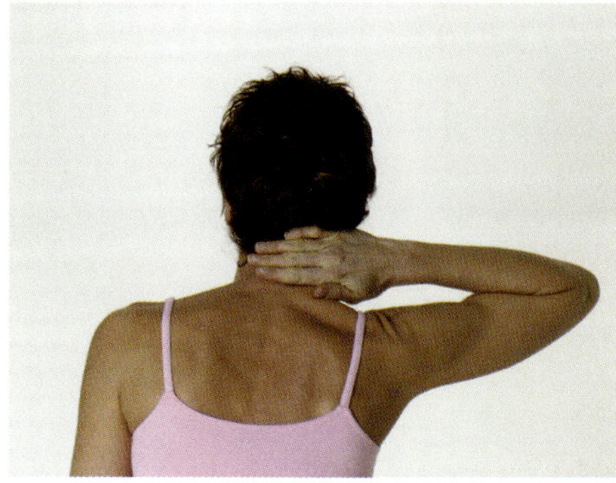

In krummer Haltung ist der Abstand zwischen Daumen und kleinem Finger klein. Es bilden sich Falten im Nacken.

Richtige Kopf- und Nackenhaltung

Richte die Aufmerksamkeit auf deinen Kopf. Stell dir vor, er sei ganz leicht, so leicht wie ein Luftballon, welcher in Richtung Himmel davonschwebt. Deine Schultern lässt du locker hängen. Kannst du wahrnehmen, wie dein Nacken bei dieser Vorstellung in die Länge gezogen wird? Spüre, wie du dabei grösser wirst.

Sobald dein Nacken lang ist, nimmst du wahrscheinlich wahr, wie deine Muskeln vorne am Hals, in der Umgebung deines Kehlkopfes arbeiten müssen. Da diese Muskeln in der Fehlhaltung fast nicht mehr mitarbeiten, kann es sich ungewohnt anfühlen. Dein Kinn kommt durch die richtige Kopf- und Nackenhaltung etwas zurück.

Die aufrechte Haltung

Nun verbinde die drei Haltungsbereiche (Lendenwirbelsäule mit Becken, Brustwirbelsäule mit Brustkorb, Halswirbelsäule mit Kopf) miteinander. Mit den folgenden vereinfachten und gut spürbaren Kriterien, kannst du deine Haltung überprüfen:

- Der Beckenboden befindet sich gefühlsmässig parallel zum Fussboden – die goldene Kugel ist zentriert.

- Das Brustbein ist nach vorne oben angehoben – dein Stern strahlt – deine Schultern sind locker
- Der Kopf ist eingemittet und der Nacken ist lang

Aufrechtsein – Aufrichten – dies bedeutet immer ein Grösserwerden!

Spürst du, wie du beim Einnehmen der oben genannten Haltungskriterien grösser wirst und auch eine schmalere Taille bekommst?

Aufrecht sein bedeutet nicht steif sein. Bewege dein Becken, deine Wirbelsäule, deinen Brustkorb, deinen Kopf. Was zählt, ist die Summe all deiner Körperhaltungen und Körperbewegungen während eines Tages. Wenn du dich ertappst, dass du krumm warst, streckst du dich gleich auf die andere Seite lang. So kannst du einseitige Belastungen aufheben und bleibst in Bewegung.

Wenn du noch nie an deiner Haltung gearbeitet hast und dir diese Mühe bereitet, dann hilft dir der Besuch eines BeBo® Kurses oder die Unterstützung einer Fachperson.

Tagestipps

- Übe die Aufrichtung deines Körpers.
- Achte auf deine Nacken- und Kopfhaltung. Halte immer wieder inne und frage dich: „Fühlt sich mein Kopf leicht an, so dass ich das Gefühl habe, er könne davon schweben? Ist mein Nacken lang? Ist mein Kopf über meinem Rumpf und das Brustbein die vorderste Stelle meines Rumpfes?“

Aufgabe für Fortgeschrittene

- Nimm heute ganz bewusst bei jeder Beckenbodenanspannung die aufrechte Haltung ein.

Absitzen, Aufstehen, Bücken

In den nächsten Tagen ist die **Alltagsintegration** von Beckenboden und aufrechter Haltung das Thema.
Wenn du die beschriebenen Alltagssituationen korrekt ausführst, wird dabei der Beckenboden und die Rumpfmuskulatur aktiviert und gekräftigt. Wenn du sie falsch ausführst, können dein Beckenboden, die Wirbelsäule und andere Strukturen unnötig belastet und häufig sogar überlastet werden, so dass nach Jahren Probleme entstehen können.

Absitzen

Häufig lässt die Frau sich einfach auf ein Sitzmöbel fallen. Daran hat die Wirbelsäule keine Freude und auch der Beckenboden wird unnötig belastet.

Richtig Absitzen

Beachte beim Absitzen, dass du hüftbreit nahe beim Stuhl stehst, so dass du diesen mit den Beinen spürst. Dann gehst du mit leicht gespanntem Beckenboden in die Knie und schiebst dabei dein Gesäss weit hinten hinaus. Mit der Beinkraft führst du dich zur Sitzfläche – nicht fallen lassen. „Muskulär führen" heisst hier das Zauberwort. Erst wenn dein Gesäss auf dem Stuhl aufliegt, lässt du die Muskelspannung der Beine und des Beckenbodens los. Während der ganzen Übung bleibt deine Wirbelsäule lang, dein Brustbein gehoben und die Schultern locker an ihrem Platz.

Aufstehen

Rutsch nach vorne bis zur Stuhlkante. Gib mit dem Oberkörper etwas Vorlage, aktiviere deinen Beckenboden, stosse dich mit den Füssen vom Boden ab und schwing dich mit Hilfe deiner Arme nach oben.

Optimal ist, wenn dein Beckenboden die Anspannung halten kann, bis du stehst. Fällt dir das schwer, dann hilf deinem Beckenboden, indem du zum Aufstehen laut „hopp", „hau ruck" oder „hoppla" sagst.

Richtig Aufstehen

Übe das Aufstehen und Absitzen zuerst im Zeitlupentempo, so dass du dabei auch deine Fuss- und Kniepositionierung beobachten kannst: Bleibt dein Fussgewölbe aufgerichtet? Bleiben deine Knie gerade und schauen in Richtung Füsse, oder knickst du in X-Beine? Mit der Zeit kannst du schneller werden, damit dein Aufstehen und Absitzen ganz natürlich wird.

Für einige Frauen ist der Ausfallschritt die bessere Position. Dazu stellst du einen Fuss unter den Stuhl und den anderen in Schrittposition vor dich hin. Probier es aus.

Aufstehen und Absitzen im Ausfallschritt

Wenn du dir eine dieser Aufsteh- und Absitztechniken aneignen kannst, hast du bereits mehrmals am Tag deinen Beckenboden aktiviert und vor unnötigen Belastungen geschützt. Beobachte beim Aufstehen und Absitzen auch deine Wirbelsäule, das Brustbein und die Schultern.

Richtig bücken

Die Bewegung ist gleich wie beim richtigen Absitzen. Nur ist diesmal kein Stuhl da. Das heisst, du stehst hüftbreit da und gehst in die Knie. Dein Rücken bleibt langgezogen und ist in der Vorlage, dein Gesäss streckst du hinten hinaus, deine Schultern bleiben locker, deine Fuss- und Knieposition ist korrekt und dein Nacken bleibt lang (schau den Gegenstand an, den du hoch heben oder ablegen willst). So ist dein Nacken von selbst in der richtigen Position. Nimm den Gegenstand möglichst nahe an deinen Körper, damit deine Wirbelsäule nicht unnötig belastet wird.

Richtig bücken

Auch beim richtig Bücken hilft dir deine Stimme; gleich wie beim Aufstehen sagst du am besten „hau ruck“, „hoppla“ oder „hopp“.... Einerseits gibt dies einen Impuls auf die Beckenbodenmuskulatur sich anzuspannen. Andererseits wird deine Wirbelsäule stabilisiert, denn Sprechen ist Ausatmen, und Ausatmen aktiviert die Rumpfmuskeln, welche den Bauchinhalt zurückhalten und so deine Wirbelsäule schützen. Wenn du keinen Ton geben möchtest, dann achte auf ein deutliches Ausatmen.

Bücken mit Hilfe des Beckenbodens

Bücke dich zwischen 10- bis 30-mal nacheinander. Spürst du, wo du müde wirst? Ja, es sind die Oberschenkel. Mache es noch-

mals, und spanne jetzt bei jedem Hochkommen deinen Beckenboden an. Spürst du, wie er dir hilft hochzukommen? Wie es leichter geht, als hättest du einen inneren Antrieb? Versuche auch beim Hinuntergehen deinen Beckenboden anzuspannen, was anfangs schwierig sein kann. Doch gerade beim Ablegen einer Last ist das für deine Stabilisierung sehr wichtig.

Spüre die Rückenstreckmuskeln als Zeichen des richtigen Bückens

Lege deine Hände flach auf deinen unteren Rücken. Bücke dich falsch, das heisst deine Beine bleiben gestreckt und deine Wirbelsäule wird rund. Taste mit den Händen deinen Rücken ab. Spürst du, wie dein Rückgrat gut spürbar ist?
Nun bücke dich korrekt. Jetzt spürst du kein Rückgrat mehr, sondern dort, wo dieses vorher war, ist nun ein langgezogener Graben, und links und rechts davon eine parallel verlaufende Erhebung. Das sind die Rückenstreckmuskeln in Aktion. Immer wenn du sie tasten kannst, bückst du dich richtig. Mit krummem Rücken können die Rückenstrecker deine Wirbelsäule nicht optimal stabilisieren und du „hängst“ in den Bändern, was mit der Zeit zu Problemen aufgrund von Fehlbelastungen führen kann.

Richtig

Falsch

Richtig

Falsch

Richtig

Falsch

Beinsektor

Wenn du etwas vom Boden aufnimmst, abstellst oder eine Arbeit am Boden verrichtest, beachte, dass dies zwischen deinen Beinen geschieht, dem sogenannten Beinsektor. Sobald du etwas ausserhalb dieses Beinsektors verrichtest, wird dein Rücken krumm. Achte darauf während all deinen Arbeiten im Garten, beim Putzen, Kinder hochheben …

Beobachte ein kleines Kind, wie es sich bückt und Gegenstände hochhebt. Es macht alles von sich aus richtig.

Schütze deinen Beckenboden: Frauen, welche bereits einen schwachen Beckenboden haben, an einer Senkung oder Inkontinenz leiden, sollten schweres körperliches Arbeiten, insbesondere das Hochheben von Lasten vermeiden.

Tagestipps

- Beobachte wie du aufstehst und absitzt. Du kannst dir einen Zettel, auf dem „BeBo" steht auf den Stuhl kleben, so wirst du beim Absitzen an die korrekte Ausführung erinnert.
- Bückst du dich richtig? Verbleibst du dabei im Beinsektor?
- Varianten A, B und C.
  Wenn du beim Aufstehen, Absitzen und Bücken jeweils mit deinem Beckenboden mitarbeitest, hast du einen Teil deiner Kräftigungsübungen bereits sinnvoll gemacht.

Beobachtungsaufgabe für Fortgeschrittene

- Wie ist es mit den kleinen „Bückereien", wie zum Beispiel beim Geschirrspüler ausräumen, übers Lavabo neigen, beim Zähneputzen … kannst du dabei deine Wirbelsäule langgestreckt halten und deinen Beckenboden aktivieren?

Auch beim Zähneputzen auf die Haltung achten

Treppen steigen, Bergwandern, Gehen, Autofahren

Die folgenden Alltagssituationen kannst du mit deinem Wissen über die aufrechte Haltung und den Beckenboden perfekt meistern.

Treppen steigen

...ist gesund. Doch abwärts gehen kann für den Beckenboden sehr belastend sein, dann nämlich, wenn die Treppe hinunter gehopst wird. So sind immer wieder beide Füsse miteinander in der Luft und bei der Landung kommt es zu einer Belastung des Beckenbodens durch die Verlagerung des Bauchinhalts. Korrekterweise hält beim Treppen hinuntergehen das obere Bein das Körpergewicht, bis das untere Bein die nächste Stufe berührt. Das gibt einen majestätischen Gang. Dein Kopf bleibt dabei ruhig, so dass deine Krone oben bleibt. Keine Angst, auch so kannst du schnell und fliessend die Treppe hinuntergehen.

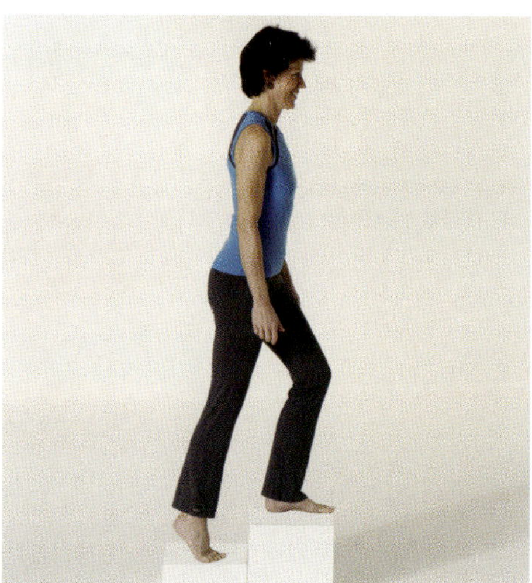

Richtig Treppensteigen: In aufrechter Haltung – mit dem Vorfuss abstossen.

Beim Hinaufgehen beachte die aufrechte Haltung. Das Gesäss nicht hinten hinausstrecken. Bei jedem Tritt betonst du das Abstossen über den Vorfuss, denn das aktiviert den Beckenboden.

Wichtig: Neben der aufrechten Haltung sollte auch die Fuss- und Beinpositionierung stimmen – keine X-Beine.

Bergwandern

All dies gilt nicht nur beim Treppensteigen, sondern auch beim Bergaufwärts- und Bergabwärtsgehen. Für einige Frauen ist das Bergabwärtsgehen ein Problem, weil sie dabei Urin verlieren. Um das zu verhindern, müssen die Beinmuskeln genügend trainiert sein, sonst wird bei jedem Schritt das Körpergewicht von den Gelenken abgefangen, was zu schädlichen Belastungen der Gelenke führt. Unnötig belastet wird auch der Beckenboden, weil die muskuläre Abfederung zu schwach ist. Bereite dich mit Krafttraining für die Beinmuskulatur auf das Bergabwärtsgehen vor (z.B. 30-mal Kniebeugen pro Tag).

X-Beine sind beim Bergabwärtsgehen häufig zu sehen. Aber, wie du nun weisst, mit X-Beinen kann der Beckenboden nicht effektiv mitarbeiten.

Gehen

Du kannst die aufrechte Haltung im Gehen am einfachsten einnehmen, wenn du dich dabei durch deinen Körper hindurch fragst: „Stimmt die Haltung meiner Füsse, ist mein Beckenboden parallel zum Fussboden, ist mein Brustbein nach vorne angehoben, ist mein Nacken lang ...“.

Mit etwas Übung hast du dich in wenigen Sekunden durchgefragt und in die aufrechte Haltung gebracht.
Eine weitere Hilfe ist: Dich im Gehen langziehen und wachsen.

Autofahren
Dabei arbeitet dein Beckenboden spontan mit, aber nur wenn du richtig im Auto sitzt. Dein Gesäss streckst du dazu so weit wie möglich nach hinten in den Übergang zur Lehne. Deine Wirbelsäule richtest du auf und machst sie so lang wie möglich, evt. nimmst du ein Kissen ins Kreuz. So wirst du wahrnehmen, wie der Beckenboden mitfährt. In jeder grösseren Kurve verlagert sich dein Körper seitlich und dabei wird dein Beckenboden aktiviert, wie auch beim Fussdruck auf das Gas-, Brems- oder Kupplungspedal.

Aufrechte Haltung im Auto

Schütze deinen Beckenboden: Fgssituationen wie Bücken, Aufstehen, Absitzen, Treppen steigen, Gehen, Bergwandern und Autofahren richtig aus.

Tagestipps

- Arbeite weiter an deiner Haltung. Du kennst jetzt einige Alltagssituationen, die du beckenboden- und haltungsgerecht durchführen kannst.
- Basisprogramm Varianten A, B und C – vielleicht während dem Treppensteigen, Gehen, Autofahren ...

Tipp für Fortgeschrittene
- Dein Partner, deine Freundin oder Arbeitskollegin sollen dich darauf aufmerksam machen, wenn du in einer krummen Haltung bist.

Kraft aus der Mitte

Die vierte Woche deiner Entdeckungsreise ist zu Ende. Hast du das Gefühl, dass „die Kraft aus der Mitte“ für dich schon spürbar ist?
Zum Beispiel, dass dir Kraftanstrengungen mit den Armen und Beinen leichter fallen, wenn dabei der Beckenboden aktiviert ist?

Krafttest

Versuche im Stehen einen schweren Gegenstand (oder deinen Partner) wegzustossen oder zu dir hinzuziehen. Bleibe dabei aufrecht. Weiche nicht mit deinem Gesäss nach hinten aus. Probiere dies, einmal mit gespanntem Beckenboden und einmal mit möglichst lockerem Beckenboden. Spürst du, dass es ohne Spannung schwerer fällt, und dass du spontan deinen Beckenboden dazu nehmen möchtest? Nutze dies aus. Aktiviere bei jeder Kraftanstrengung deinen Beckenboden. Du bist so auch viel stabiler in deinem Rumpf.

Auch bei folgenden Situationen aus dem Alltag und Sport kannst du „die Kraft aus der Mitte“ wahrnehmen und gezielt einsetzen.

- **Beim Krafttraining:** Aktiviere deinen Beckenboden. Insbesondere dann, wenn du mit Hanteln trainierst oder am Kabelzug
- **Beim Stossen und Ziehen:** Sei dies ein Kinderwagen, eine schwere Türe öffnen, Schubkarre, Einkaufswagen, Rollstuhl oder ein Möbelstück.
  Wenn du die Wahl hast zwischen Stossen oder Ziehen, dann wähle immer das Ziehen. Dabei fällt es dir leichter aufrecht zu bleiben und den Beckenboden zu spannen. Strecke dein Gesäss nicht nach hinten hinaus.

Richtig Türe öffnen – mit aktiviertem Beckenboden

Falsch Türe öffnen – ohne Mithilfe des Beckenbodens

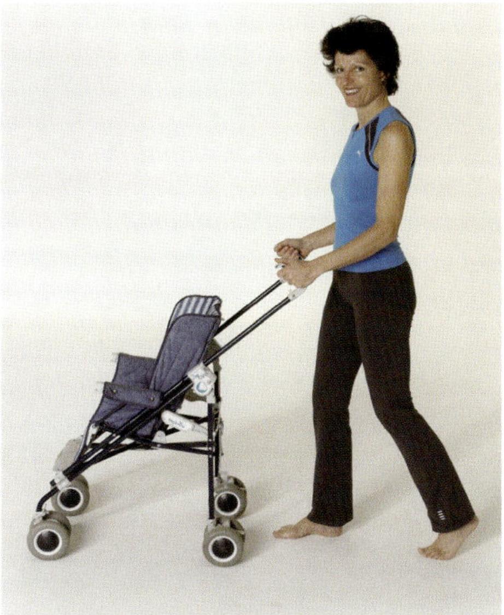

Richtig Kinderwagenstossen – mit aktiviertem Beckenboden

Falsch Kinderwagenstossen – ohne Mithilfe des Beckenbodens

- **Im Kampfsport:** Seit jeher wird hier mit der Kraft aus der Mitte gearbeitet. Diese wird im japanischen als Hara bezeichnet.

- **Bei „schnellen Beinen“:** Beim Sprint oder überall da, wo eine extrem hohe Kadenz der Beine gefragt ist.

- **Beim Bücken** (26. Tag). Aber auch bei Situationen, wo **das richtige Bücken nicht möglich ist**, wo du nicht korrekt in die Knie gehen kannst, sondern dich mit mehr oder weniger gestreckten Beinen und krummer Wirbelsäule bückst. Zum Beispiel, wenn du Waren vom Rücksitz eines 3-türigen Autos auslädst. Oder wenn du ein schlafendes Kleinkind in ein Kinderbettchen legst. Dabei ist deine Wirbelsäule muskulär nicht mehr gut gesichert. Auch hier kannst du dir mit der Kraft aus der Mitte helfen. Spanne bei jedem Bücken deinen Beckenboden an und hilf so deiner Wirbelsäule. Wenn möglich gehst du in einen Ausfallschritt und gibst dein Gewicht auf den vorderen Fuss.

Beckenrollen auf dem Softball

Diese Übung kräftigt deinen Beckenboden, deine unteren Bauchmuskeln, und zugleich bist du in einer beckenbodenentlastenden Umkehrposition.

Lege dich in Rückenlage mit aufgestellten Beinen und hebe dein Gesäss hoch, so dass du den Softball darunter schieben kannst. Lege das Gesäss entspannt auf den Softball und rolle genussvoll darauf umher.

Tag 28

Schiebe dann den Softball höher hinauf, so dass er im Übergang von Gesäss und Kreuz zu liegen kommt. Versuche den Softball so zu platzieren, dass dein Gesäss/Becken locker und entspannt Richtung Boden schaut, den Boden aber nicht berührt. Dann beginnst du dein Gesäss/Becken dem Softball entlang aufzurollen (Schambein zieht zur Decke hoch) und dann wieder dem Softball entlang Richtung Boden abzurollen. Spanne dabei den Beckenboden an und versuche, diese Spannung beim Auf- und Abrollen zu halten.

Optimal ist, wenn du beim Aufrollen ausatmest (am besten mit chchch…) und beim Abrollen einatmest.

Lege eine Hand oberhalb des Schambeins auf deinen Bauch und beobachte, ob du das Mitarbeiten deiner Bauchmuskeln spüren kannst.

Bei Rückenproblemen tastest du dich mit kleinen Bewegungen langsam an diese Übung heran und platzierst den Softball solange um, bis es dir wohl ist.

Beckenrollen auf dem Softball
Das Becken rollt über den Softball auf und ab.

Tagestipps

- Achte im Training und im Alltag auf die Kraft in deinen Armen und Beinen und wie du diese über deinen Beckenboden beeinflussen kannst.
- Bücke dich, wenn immer möglich, korrekt. Wenn das nicht möglich ist, dann gehe in die Schrittposition mit Gewicht auf dem vorderen Fuss und komme mit Beckenbodenspannung hoch.
- Rolle dein Becken über den Softball auf und ab.
- Varianten A, B und C.

Beobachtung für Fortgeschrittene

- Beim Beckenrollen sollten deine Füsse möglichst locker auf dem Boden aufliegen. Die ganze Kraft kommt aus dem Becken(-boden) und nicht, indem du mit den Füssen vom Boden abstösst, aus den Beinen. Stell dir vor, du hättest unter jedem Fuss ein rohes Ei.

Hüftbeugemuskel

Der Hüftbeugemuskel beeinflusst die Haltung des Beckens und der Lendenwirbelsäule und dadurch auch den Beckenboden. Viele kennen ihn nicht. Wie sein Name „Hüftbeugemuskel" sagt, ist er für die Beugung des Hüftgelenks zuständig. Das heisst für alltägliche Tätigkeiten wie Gehen, Treppensteigen und bei Sportarten, wie Hürdenlauf, Hochsprung, Weitsprung, etc. Sobald sich die Distanz zwischen Oberschenkel und Rumpf verkleinert, ist der Hüftbeugemuskel im Spiel.

Er verläuft vorne vom Oberschenkelknochen her quer durch den Beckenraum. Ein Teil dieses Muskels verläuft zu den Beckenschaufeln, ein anderer bis an die unterste Rippe, ein weiterer zur Lendenwirbelsäule.

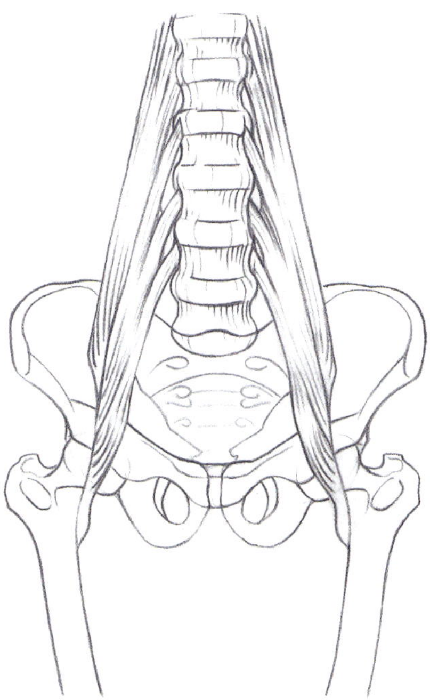

Dargestellt ist der Teil des Hüftbeugemuskels, welcher zwischen dem Oberschenkelknochen und der Lendenwirbelsäule verläuft.

Wichtig ist, dass der Hüftbeugemuskel kräftig aber auch sehr geschmeidig und beweglich ist. Gerne verliert er dies, weil viele ihn fast nur zum Gehen und Treppensteigen gebrauchen. Aber auch weil wir oft sitzen oder stehen und so nur einen kleinen Teil seines Könnens ausnutzen.

Vielleicht hast du dich selber schon nach dem Durchbewegen des Hüftbeugemuskels im Lendenwirbelsäulen- und Beckenbereich lockerer gefühlt, weil ein verspannter Hüftbeugemuskel die Lendenwirbelsäulenbeweglichkeit einschränkt. Auch bei Kreuzverspannungen kann aus Erfahrung ein Bewegen, Dehnen und Kräftigen des Hüftbeugemuskels empfohlen werden. Versuche dazu die „Beinschaukel-Übung" vom heutigen Tag.

Spürst du deinen Hüftbeugemuskel?

Jedes Mal, wenn du ein Bein anhebst, muss deine Lendenwirbelsäule arbeiten und Halt bieten, da der Hüftbeugemuskel an ihr fixiert ist. Dies gelingt der Lendenwirbelsäule gut, wenn nur ein Bein angehoben wird. Wahrscheinlich sitzt du jetzt, während du dies liest. Also ziehe eines deiner Knie in Richtung Bauch, so dass sich ein Fuss vom Boden abhebt. Beobachte dabei deine Lendenwirbelsäule. Spürst du den Zug des Hüftbeugemuskels und wie die Rückenmuskulatur die Lendenwirbelsäule stabilisiert? Nun hebe beide Beine vom Boden ab (dabei kannst du dich mit den Armen auf dem Tisch abstützen). Spürst du, wie jetzt die Hüftbeugemuskeln von beiden Seiten her an deiner Lendenwirbelsäule nach vorne zie-

hen und wie deine Rumpfmuskeln vollen Einsatz leisten müssen, um die Lendenwirbelsäule zu stabilisieren?

Versuche diese Übung auch im Liegen. Lege dich flach, mit gestreckten Beinen auf den Boden und hebe ein Bein ab. Wahrscheinlich spürst du, wie dein Rücken stabilisieren muss. Nun hebe beide Beine ab. Wenn du nicht top trainiert bist, solltest du diesen Test nur ganz kurz ausführen, denn wenn deine Rumpfmuskeln die Lendenwirbelsäule nicht gut stabilisieren können, zieht es dich in ein zu hohles Kreuz.
Kannst du den Zusammenhang Hüftebeugen und Arbeit im Kreuz spüren?

„Beinschaukel"
Die"Beinschaukel-Übung" bewegt und kräftigt den Hüftbeugemuskel, so dass deine Lendenwirbelsäule locker wird, ohne dabei überfordert zu sein. Während der Beinschaukel bist du in einer Umkehrsituation. Deine Organe werden in den Rumpf zurückverlagert, dein Beckenboden ist entlastet und lässt sich dabei perfekt trainieren. Zudem arbeitet ein Bein nach dem anderen; so spürst du deinen Beckenboden mal auf der rechten und dann auf der linken Seite deutlicher.

Du benötigst für diese Übung einen Schaumstoffkeil. (Bezugsmöglichkeit siehe im Anhang) Als Notlösung kannst du dir auch eine Wolldecke keilförmig zurechtlegen. Dein Gesäss sollte etwa 10 Zentimeter erhöht liegen.

Leg dich auf den Rücken. Dein Gesäss liegt auf dem Keil (dickes Ende Richtung Füsse), ein Bein winkelst du an und ziehst das Knie mit beiden Händen zur Brust. Das andere Bein streckst du zur Decke und senkst es dann langsam ab, bis es gestreckt über dem Boden schwebt. Nicht auf den Boden ablegen.

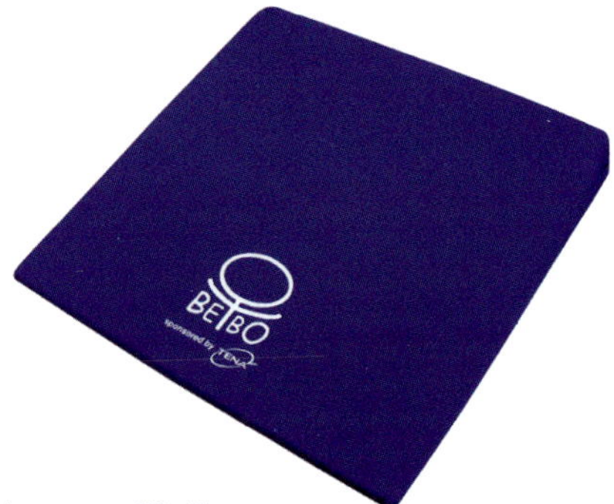

Schaumstoffkeil

Nach ein, zwei Atemzügen spannst du während der Ausatmung (chchch...) den Beckenboden an und ziehst dein Bein wieder gestreckt hoch.
Stelle dir dabei vor, es sei dein Beckenboden, welcher dein Bein hoch holt.

„Beinschaukel"

Am Anfang ist es wichtig, dass du diese Übung langsam ausführst. Bleibe über mehrere Atemzüge mit dem Bein in der Schwebeposition. Mit der Zeit, kannst du die Übung im Atemrhythmus turnen, beim Einatmen das Bein hinunter führen und beim Ausatmen das Bein hochholen.

Wenn dein Bein über dem Boden schwebt, spürst du in der Leistengegend wie dein Hüftbeugemuskel gedehnt wird. Dehnung ist wichtig, lasse sie zu.

Beachte: Das angewinkelte Bein ist während der Übung nahe bei deiner Brust. Spürst du, wie du über dieses angewinkelte Bein das ausgestreckte, schwebende Bein beeinflussen kannst? Indem du das Knie kräftig zur Brust ziehst, kommt das schwebende Bein etwas mehr vom Boden weg, und deine Lendenwirbelsäule wird stabilisiert.

Versuche mit der Zeit auch beim Senken des gestreckten Beines deinen Beckenboden anzuspannen. Du kannst das Gefühl haben, als würde der Beckenboden dein Bein hinunter begleiten.

Wiederhole die Übung zuerst mit einem Bein zwischen 5- bis 20-mal und dann mit dem anderen Bein.

Wenn du Mühe hast, in dieser Position deinen Beckenboden wahrzunehmen und anzuspannen, kann es dir helfen, wenn du dich auf deinen After konzentrierst und diesen kraftvoll anspannst. Mit der Zeit wird deine Wahrnehmung immer besser werden.

Tagestipps

- Turne die Beinschaukel in deinem eigenen Tempo und stelle dir dabei deine Hüftbeugemuskeln vor.
- Varianten A, B und C in deinen Alltag integrieren.

Wahrnehmungsübung für Fortgeschrittene

- Wenn während der Beinschaukel-Übung dein Bein über dem Boden schwebt, spanne und löse deinen Beckenboden in der Variante B (ohne Sitzbeinhöcker zusammenziehen) und beobachte, ob sich das schwebende Bein mit der Beckenbodenspannung ein paar Millimeter hinauf und mit dem Beckenbodenloslassen wieder nach unten bewegt.

Erinnerst du dich an die Aprikosenübung vom 24. Tag? Hier eine weitere, schwierigere Möglichkeit dieser Übung, so dass deine Beckenbodenmuskeln um die Vaginalwände herum ganz schön gefordert werden.

Die Aprikose – Fortsetzung

Beginne wieder wie gewohnt:

- Stelle dir vor, du hättest eine Aprikose in deiner Vagina.
- Taste diese von allen Seiten her ab. Ist sie gross oder klein? Hart oder weich? Rund oder oval? Warm oder kalt?
- Du kannst an ihr saugen und ihr die Haut abzupfen.
- Beginne sie nun zu quetschen, packe sie immer wieder von einer anderen Seite her und quetsche sie jeweils für ein paar Sekunden.
- Nach drei bis vier Quetschungen wirst du wieder ganz fein und zärtlich mit ihr und formst sie wieder schön zurecht.

Und jetzt zusätzlich neu:

- Versuche deine Aprikose an Ort kreisen zu lassen. Ja, versuche sie um ihre eigene Achse zu drehen, egal ob dies von hinten nach vorne oder von links nach rechts ist. Teste, was für dich möglich ist.
  Beim ersten Versuch wird die Aprikose sich wahrscheinlich noch nicht richtig drehen. Vielleicht zuckt sie nur eckig in dir herum. Mit der Zeit wird die Ansteuerung deiner Beckenbodenmuskeln immer feiner und genauer werden, so dass du das Gefühl bekommst, sie drehe sich, und zwar in alle von dir gewünschten Richtungen. Du kannst auch versuchen, die Aprikose wellenförmig in dir hochzuholen.

„Röhrengefühl"

Uns ist wichtig, dass du die Aprikosenübung mit der Aktivität der Vagina, aber auch die Liftfahrübung (21. Tag) mit der Afteranspannung als Abwechslung und nicht als alleinige Hauptübung machst. Beim täglichen Üben sollte der gesamte Beckenboden aktiviert werden, mit dem Ziel, dass du ihn als tragende Mitte wahrnimmst. Die Gefahr, wenn du nur die Aprikose drückst (Vagina) oder nur Lift fährst (After) ist, dass du mit der Zeit ein sogenanntes „Röhrengefühl" bekommen könntest. Und das ist nicht die Idee des Beckenbodentrainings.

Als gezielte Kräftigung im entsprechenden Bereich, als Abwechslung und zur Wahrnehmungs- und Ansteuerungsschulung sind diese Übungen sehr zu empfehlen.

Besonders die Aprikosenübung kann dir helfen, die Muskeln um die Vagina sensibler einzusetzen. So kannst du möglicherweise die Sexualität intensiver erleben und die Körperwahrnehmung verfeinern.

Energie-Ei, Kone, Liebeskugel

Energie-Ei

Bei der letzten Übung hast du die Aprikose gedanklich drehen lassen. Es gibt Frauen, die das nicht nur gedanklich machen können. Zum Beispiel erzählen Frauen, dass sie ein sogenanntes Energie-Ei in der Vagina drehen oder zwei Energie-Eier aneinander klopfen können. Es ist nicht das Ziel unseres Beckenbodentrainings diese Kunst zu erreichen. Doch wir möchten damit aufzeigen, dass die Beckenbodenmuskeln um die Vagina herum zu viel mehr fähig sind als den meisten bekannt ist.

Verschiedene Energie-Eier

Das Energie-Ei kommt aus asiatischen Ländern und wird seit hunderten von Jahren mit verschiedenen Absichten verwendet. Asiatische Lehren arbeiten mit Energiezentren des Körpers, sogenannten Chakren. Da die Ansicht besteht, dass die Energie-Eier die Energie der Chakren ins Fliessen bringen, kamen diese zu ihrem Namen.
Das Energie-Ei besteht aus Stein, (Rosenquarz, grüner Jade ...) ist etwa Hühnereigross und hat ein Loch, durch welches ein starker Faden gezogen wird, so dass eine Schleife entsteht. Das Ei wird in die Vagina geführt, die Fadenschleife schaut dabei aus der Vagina heraus (wie bei einem Tampon). An dieser kann das Ei auch wieder bequem aus der Vagina entfernt werden.

Durch das Gewicht des Eies (zirka 70 Gramm, je nach Grösse) wird die Beckenbodenmuskulatur angeregt und aktiviert. Ist das Ei zu schwer, rutscht es hinunter und hinaus. Wenn die Frau das Ei eine Weile drin lassen will, darf sie es nicht willentlich mit den Beckenbodenmuskeln festklammern, sondern es sollte von sich aus in der Vagina bleiben (wie ein Tampon). Ist es aber etwas zu schwer, und die Frau muss es die ganze Zeit muskulär halten, sollte sie es nur kurz (1 bis 2 Minuten) drin lassen und es dann wieder herausnehmen. Ein zu langes krampfhaftes Halten führt zu Verspannungen.
Es gibt Frauen, welche Dank der regelmässigen Anwendung des Energie-Eis zu einem stärkeren Beckenboden und zu Beschwerdefreiheit kamen.

Kone

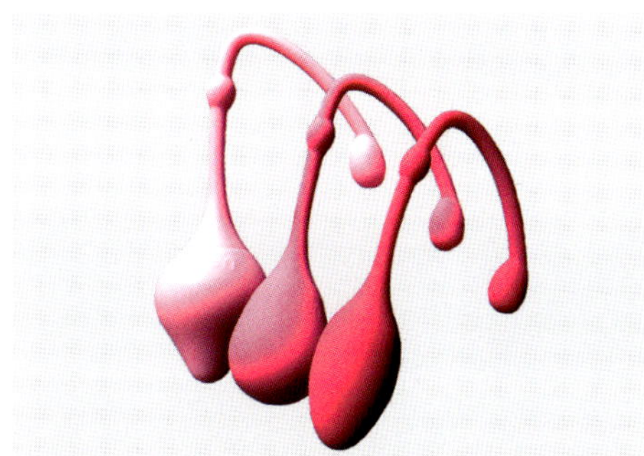

BeBo® med Vaginalkonen – 3 Grössen l 3 Gewichte / Anwendung S. 133

Den positiven Effekt des Energie-Eis erkannte die Schulmedizin und entwarf die Konen/Kugeln. Diese werden je nach Herstellermarke in einem Set zu fünf Stück mit verschiedenen Gewichten (leichteste Kone 20 Gramm, schwerste 70 Gramm) vom Arzt/Ärztin abgegeben. Die Frau startet mit der leichtesten Kone und steigert dann über Wochen bis sie bei der Schwersten ist. Für Frauen mit einer eher weiten und lockeren Vagina sind die Konen nicht optimal. Sie rutschen nämlich gerne hinaus, auch wenn der Beckenboden stark genug wäre, sie zu halten.

Tag 30

Liebeskugeln/Chinesische Kugeln

Liebeskugeln

Ein weiteres Hilfsmittel, den Beckenboden zu aktivieren, sind die Liebeskugeln. In den sichtbaren Kugeln befindet sich eine zweite Kugel. Diese schwingt bei jeder Bewegung mit und erzeugt Vibrationen, welche zusätzlich den Beckenboden stimulieren und dessen Grundtonus erhöhen.

Wichtiges zu den Eiern, Konen und Kugeln

Die Meinungen über den Nutzen dieser Eier, Konen und Kugeln gehen weit auseinander. Es gibt Studien, welche beweisen, dass die Frau mit Konen guten Erfolg hat. Andere Studien sagen genau das Gegenteil. Verschiedene Fachleute raten vom Verwenden dieser Hilfsmittel ab, besonders bei einer bereits bestehenden Beckenbodenschwäche. Frauen mit einer Senkung können diese Hilfsmittel manchmal in eine Vaginawandnische schieben und so diese wunderbar halten, jedoch ohne Beckenbodenaktivität. Dadurch wird der Beckenboden nur noch zusätzlich belastet. Frauen mit Beschwerden sollten unbedingt vor einer Anwendung zuerst ärztlichen Rat einholen.

Dank diesen Eiern, Konen und Kugeln kann die Frau einen anderen Zugang zum Beckenboden finden. Sie sind auch eine spannende Möglichkeit, um den Beckenboden zu testen und zu erkennen, ob er den täglichen Belastungen Gegenhalt bieten kann. Wenn z.B. die Kone nach der ersten Hälfte eines Tennisspiels nach unten rutscht und die Frau dies als Klemmen oder eigentliches Rausrutschen wahrnimmt, dann zeigt ihr das, dass ihr Beckenboden noch zu schwach ist und besser gekräftigt werden sollte.

Verwende Eier, Konen und Kugeln nur, wenn du Spass daran hast etwas Neues auszuprobieren und neugierig bist, wie dein Beckenboden auf das Gewicht reagiert. Als Ersatz für das eigentliche Beckenbodentraining können wir sie nicht empfehlen. Sie können das Training aber ergänzen.

Wenn du jetzt neugierig geworden bist und du Eier, Konen und Kugeln ausprobieren möchtest, dann schaue im Anhang bei den Bezugsquellen nach.

Tagestipps

- Arbeite heute und immer dann, wenn du dazu in Stimmung bist, mit der „Aprikose". **Auch als Fortgeschrittene** Beckenbodenfrau entdeckst du immer wieder Neues, was deine Vagina dank der Beckenbodenmuskulatur kann.
- Vielleicht übst du heute nochmals die Beinschaukel.
- Varianten A, B und C.

Orgasmus und Beckenboden

Am Ende eines BeBo® Kurses erhalten die Teilnehmerinnen jeweils einen Fragebogen. Daraus erfährt die Kursleiterin, was sich in der Kurszeit verändert hat. Neben einem verbesserten Körpergefühl, bewussterer Haltung und Rückgang der Inkontinenzbeschwerden wird auch immer wieder angegeben, dass sich die Sexualität verändert, ja sogar verbessert hat.

Erfüllte Sexualität und ein gut wahrnehmbarer, kräftiger Beckenboden stehen in einem engen Zusammenhang. Ein Orgasmus bei der Frau ist ein rhythmisches Anspannen der Beckenbodenmuskeln. Die Frau kann dank eines kräftigen und gut durchbluteten Beckenbodens einen Orgasmus einfacher und intensiver erleben. Zudem kann sie den Liebesakt mit dem Spiel ihrer Beckenbodenmuskeln für sich und den Partner bereichern.

Bei Erregung wird Blut im Beckenraum zurückgehalten. Auch die Schwellkörper im U-Muskel, sowie der Genitalorgane, füllen sich mit Blut. Dies erzeugt das Gefühl von Spannung, Pulsieren und Lust. Nur wenn Lust und Erregung – also eine Ladung da ist, kann sich diese in Form eines Orgasmus entladen.

Aus Filmen und Liebesromanen gewinnen wir den Eindruck, dass Frau und Mann immer gemeinsam miteinander zum Orgasmus kommen. Wir haben das Gefühl, dies sei so normal, und wenn es bei uns nicht zutrifft, dann funktionieren wir nicht richtig. Es ist absolut normal, dass die Partner meistens nicht miteinander einen Orgasmus erleben sondern nacheinander. Es ist auch normal, dass mal nur der Mann einen Orgasmus erlebt und ein anderes mal nur die Frau. Es ist normal, dass Mann und Frau den Orgasmus unterschiedlich und jedes Mal anders erleben.

Schmerzen beim Geschlechtsverkehr

Wieso es zu Schmerzen beim Geschlechtsverkehr kommen kann, hat ganz verschiedene Ursachen. Oft ist die Schleimhaut der Vagina zu trocken. Der Grund dafür kann ein Mangel an Erregung sein. Ein längeres und erotischeres Vorspiel kann dies ändern. Frauen in den Wechseljahren und in der Menopause leiden oft an einer Trockenheit, da die Schleimhäute wegen des Rückgangs der Östrogene dünner werden. In diesem Fall können Hormone Abhilfe schaffen. Oft wird eine östrogenhaltige Vaginalsalbe oder Vaginal-Zäpfchen verordnet. Wenn nicht andere Gründe für die Hormone sprechen, kann die Frau es zuerst mit Beckenbodentraining und durchblutungsfördernden Aktivitäten sowie mit natürlichen Produkten (zum Beispiel mit Phytoöstrogenen, oder Produkten aus der Yamswurzel) versuchen, ihre Schleimhaut wieder aufzubauen.
Auch eine Senkung kann zu Schmerzen beim Geschlechtsverkehr führen. Hier soll das Paar verschiedene Stellungen ausprobieren. Am besten eignen sich Positionen, welche die Organe dank der Schwerkraft in den Bauchraum zurück verlagern (z.B. wenn die Frau in der Knie-Ellbogen Position ist, oder in Rückenlage mit erhöhtem Becken).

Ein Gleitmittel ist bei all diesen möglichen Ursachen zu empfehlen.

Eine Infektion, Pilzbefall oder sonstige Erkrankung sollten zuerst ärztlich ausgeschlossen werden.

„Fliegende Beine"

Ja, bei dieser Übung fliegen deine Beine wirklich!

Du benötigst dazu wieder den Keil. Lege dich bäuchlings darauf, so dass die hohe Keilkante in Richtung Füsse schaut. Dein Becken, wie auch der oberste Viertel deiner Schenkel liegen auf dem Keil. Dank dieses Keils bist du in einer leichten Umkehrpositionierung.
Den Kopf legst du seitlich oder mit der Stirn auf deine übereinandergelegten Hände. Beachte, dass dein Nacken lang bleibt und du dich im Schulterbereich entspannen kannst.

Nun beginnt die Übung: Ziehe beide Beine in die Länge. Mache sie so lang, dass du das Gefühl hast, du ziehst sie dir aus dem Becken heraus. Deine Beinmuskeln spannen sich dabei an. Wenn du so deine Beine maximal lang machst, beginnen sie sich vom Boden abzuheben. Ja, sie fliegen ein paar Zentimeter über dem Boden. Spürst du wie dein Beckenboden mitarbeitet? Spanne willentlich deinen Beckenboden noch zusätzlich an und halte so deine langgezogenen Beine in der Schwebe.

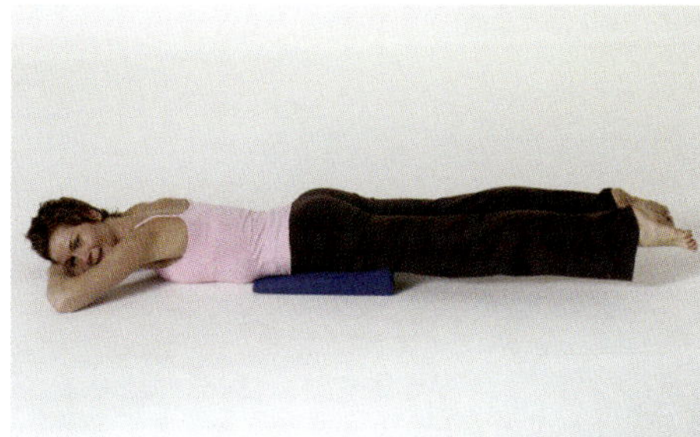

„fliegende Beine"

Beachte bei dieser Übung folgendes:

- Die Beine sind langgezogen und nicht hochgehoben.
- Es entsteht kein Hohlkreuz. Du bleibst in der natürlichen Lordose. Sollte dein Kreuz bei dieser Übung schmerzen, dann drücke dein Schambein in den Keil.
- Atme weiter und lasse deine Schultern entspannt.

Du kannst die fliegenden Beine in diesen Variationen turnen:

- Ein paar Atemzüge lang mit gespanntem Beckenboden die Beine fliegen lassen und weiter atmen.

- Die Beine öffnen (einatmen) und schliessen (ausatmen)

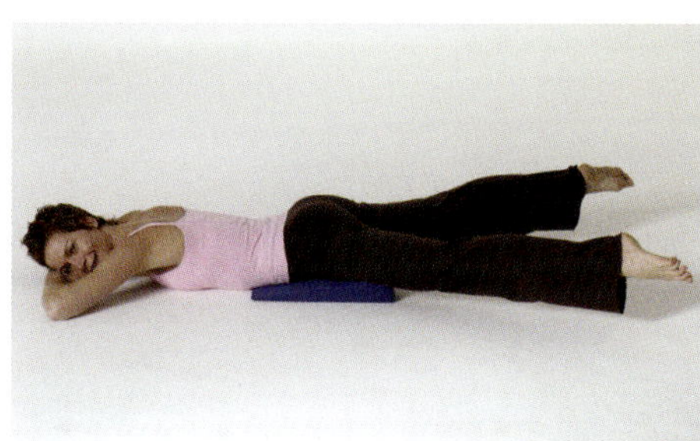

- Die Fersen kraftvoll aneinander drücken und gedanklich mit einem Pinsel kleine Kreise an die rückliegende Wand malen.

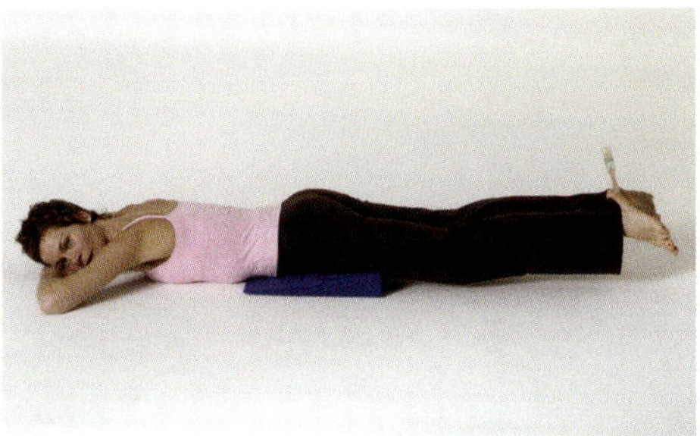

- In der Pause: Gesicht und Kiefer entspannen, seufzen, genussvoll bis zum Beckenboden hinunteratmen und dich recken und strecken.

Tagestipps

- Lasse deine Beine fliegen. Probiere die verschiedenen Variationen aus.
- Varianten A, B und C

Zusatzbeobachtung für Fortgeschrittene

- Beobachte bei der „fliegende Beine"-Übung, was deine Beine machen. Spürst du, wie sie sich beim Fliegen ausdrehen (in eine Aussenrotation kommen) und beim Entspannen eher einwärts drehen?

Bauchübungen – Sinn und Unsinn

Viele Frauen besuchen regelmässig eine Gymnastiklektion, gehen ins Fitnessstudio, machen in einem Turnverein mit oder trainieren zu Hause für sich. Das ist sehr zu begrüssen, denn regelmässige Bewegung ist wichtig für unsere Gesundheit und unser körperliches und seelisches Wohlbefinden.

Fast in jedem Training wird auch die Bauchmuskulatur trainiert, was sinnvoll ist, denn die Bauchmuskeln erfüllen wichtige Aufgaben. Leider wird meistens die Rumpfbeugeübung zur Stärkung der Bauchmuskeln gewählt. Bei dieser Übung liegt die Frau auf dem Rücken und beugt ihren Rumpf, das heisst sie kommt mit dem Kopf und Brustwirbelbereich weg vom Boden. Für die Lendenwirbelsäule ist dies meistens ein Stress.

Keine Rumpfbeugeübung! – Sie ist Beckenboden belastend.

Für Frauen mit einem schwachen Beckenboden ist diese Bauchübung sehr belastend. Denn bei der Rumpfbeuge wird der Bauchraum durch die Bewegung kleiner, der Bauchinhalt hat weniger Platz und verlagert sich. Da die Bauchmuskeln angespannt sind, kann der Bauchinhalt nicht nach vorne aussen verlagert werden. Die Verlagerung der Organe geschieht deshalb besonders in Richtung Beckenboden, dieser wird belastet, was ihn mit der Zeit immer mehr schwächt. Inkontinenz und Senkungen können so begünstigt werden. Frauen, welche bereits einen schwachen Beckenboden haben, sollten keine Rumpfbeugeübungen trainieren sondern andere, nicht beckenbodenbelastende Bauchübungen wählen.
BeBo® empfiehlt keiner Frau Rumpfbeugeübungen zu machen, denn es gibt Messungen (von Marcel Caufriez, Brüssel), welche aufzeigen, dass auch der intakte Beckenboden bei jungen Frauen durch regelmässige Rumpfbeugeübungen geschwächt wird. Wenn die Frau doch Rumpfbeugeübungen macht, dann wenigstens mit gespanntem Beckenboden, guter Atmung und nur mit kleinsten Bewegungen in die Beugung.

Bei der klassischen Rumpfbeugeübung wird der Bauch besonders in der oberen Hälfte, zwischen Nabel und Brustbein trainiert. Also an einem Ort, wo die meisten Frauen nicht gleichviel Veränderung wünschen, wie im unteren Bereich des Bauches. Zudem hilft dir der obere Anteil der Bauchmuskeln nicht besonders, um in die aufrechte Haltung zu kommen. Im Gegenteil, sie ziehen uns eher in eine gerundete Haltung, wo wir im Alltag meistens schon zu oft sind. In einem gesundheitsorientierten Training macht deshalb die Rumpfbeugeübung wenig Sinn. Oft fragen uns die Frauen nach einer gezielten Übung für die unteren Bauchmuskeln, zwischen Nabel und Schambein, weil sie hier ein unerwünschtes Polster haben. Leider wird beim Training das Fett nicht genau dort abgebaut, wofür die Übung gemacht wird. Den Ort des Fettabbaus können wir nicht bestimmen, sondern nur den Ort des Muskelaufbaus. Mit dem Training wird aber dank straffe-ren Bauchmuskeln das äussere Erscheinungsbild verbessert. Auch eine schöne aufrechte Körperhaltung lässt den Bauch schlanker erscheinen. Für die aufrechte Körperhaltung ist wiederum die Bauchmuskulatur mitverantwortlich (insbesondere die querverlaufenden Bauchmuskeln, siehe morgen).

Heute und in den nächsten zwei Tagen wird je eine Bauchmuskelübung vorgestellt, welche mehr Sinn macht, als die althergebrachte Rumpfbeuge.

Bauchübung auf dem Softball

Sie kräftigt deine gesamte Bauchmuskulatur mit Schwerpunkt im unteren Bereich deines Bauches – zwischen Schambein und Nabel. Zudem wird dein Beckenboden gleich mitgekräftigt, und gleichzeitig bist du in einer Umkehrsituation. Dank dem Softball ist deine Lendenwirbelsäule gut abgestützt. Auch deine Balance wird herausgefordert.
Den ersten Teil dieser Übung kennst du bereits, das Beckenrollen vom 28. Tag. Wenn du damit vertraut bist, kannst du jetzt die schwierigere Variante, die eigentliche Bauchübung mit dem Softball, ausprobieren. Der Softball liegt im Übergang von Gesäss und Kreuz. Die Beine nimmst du hoch, überkreuzest die Füsse und öffnest die Knie. Die Beine dienen jetzt als Erschwerung des Beckenrollens. Versuche nun in dieser Position mit deinem Becken den Softball hoch und hinunter zu rollen. Spürst du, wie deine Bauchmuskulatur arbeitet?

Bauchübung mit Softball

Mit angehobenen Beinen rollt das Becken über den Softball auf und ab.

Beachte bei dieser Übung folgendes:

- Deine Knie sollen immer über dem Rumpf bleiben – auch beim Hinunterrollen! Beim Aufrollen verlängerst du gedanklich deine Knie und dein Schambein schräg nach oben Richtung Decke.
- Arbeite im Atemrhythmus, beim Aufrollen ausatmen (chchch ...), beim Hinunterrollen einatmen. Deinen Beckenboden kannst du beim Auf- und Abrollen aktiviert lassen. Wenn dies zu schwierig ist, dann aktiviere ihn nur zum Hochkommen.
- Sollte es dir bei dieser Übung im Rücken unwohl sein, dann platziere den Softball weiter unten beim Gesäss. Häufig macht schon eine kleine Änderung viel aus. Solltest du im Kreuzbereich sehr steif sein, oder sonst ein Pro-

blem in der Wirbelsäule haben, machst du die Übung nur in einem ganz kleinen Bewegungsumfang, und/oder anstelle des Balls mit dem Sitzballkissen im Kreuz.

- Geniesse nach dieser Übung eine Pause. Entspanne deinen Beckenboden, lass deinen Kiefer und dein Gesicht locker. Atme tief in deinen Bauch hinein. Vielleicht magst du dich auch richtig in die Länge ziehen und dazu die Arme und Beine am Boden entlang ausstrecken, je nach Beweglichkeit mit oder ohne Ball unter dem Kreuz.
- Je nach Trainingszustand machst du zwei bis drei Wiederholungen und dann eine Pause. Mit der Zeit kannst du zwanzig Wiederholungen an einem Stück schön langsam durchführen.

Tagestipps

- Bauchübung auf dem Softball.
- Varianten A, B und C.

Herausforderung für Fortgeschrittene

- Wenn du diese Übung sicher beherrschst, dann fordere die Balance heraus, indem du die Hände auf deiner Brust verschränkst.

Die innere Haltung

Der Beckenboden steht mit der querverlaufenden Bauchmuskulatur (M. transversus abdominis) und dem tiefliegenden Rückenmuskel (M. Multifidus) im engsten Zusammenhang. Sie sind Synergisten. Gemeinsam bilden sie das innerste Haltungsnetzwerk, wie eine innere Schale, welche die Haltung bestimmt. Diese Muskeln sind die wichtigsten Haltemuskeln unseres Rumpfes.

Erspüre die innersten Haltungsmuskeln

Versuche die Zusammenarbeit dieser Muskeln bei ihrer gemeinsamen Arbeit wahrzunehmen. Setze dich aufrecht hin und wachse in die Länge, werde grösser und grösser so weit es geht (die Schultern bleiben unten). Spürst du, wie deine Bauchmuskeln spontan mitarbeiten? Wie deine Taille schmaler wird und auch deine Rückenmuskeln aufwachen? Spürst du auch, wie dein Beckenboden von sich aus aufwacht und eine bessere Grundspannung bekommt?

„Wachsen"

Dieses „Wachsen" ist gleich auszuführen, wie das soeben beschriebene „Erspüren der innersten Haltungsmuskeln". Du kannst dieses „Wachsen" gezielt als Übung für deine Rumpfmuskulatur anwenden. Versuche mehrmals täglich im Sitzen oder im Stehen, dich so gross wie nur möglich zu machen, deine gesamte Wirbelsäule in die Länge zu ziehen. Dieses Langgezogen sein hältst du während 16 bis 20 Sekunden. So trainierst du die Tonisierung deiner inneren Haltemuskulatur.

Erspüre das Mitspielen der querverlaufenden Bauchmuskulatur

Wie dein Beckenboden mit der querverlaufenden Bauchmuskulatur zusammenarbeitet, spürst du deutlich, wenn du deine Finger nahe bei deinen Beckenknochen in die Tiefe deines Bauches gräbst. Sobald du deinen Beckenboden anspannst, spürst du, wie in der Tiefe dein querverlaufender Bauchmuskel mit ins Spiel kommt und sich mit anspannt. Am besten geht dieser Test in Rückenlage.

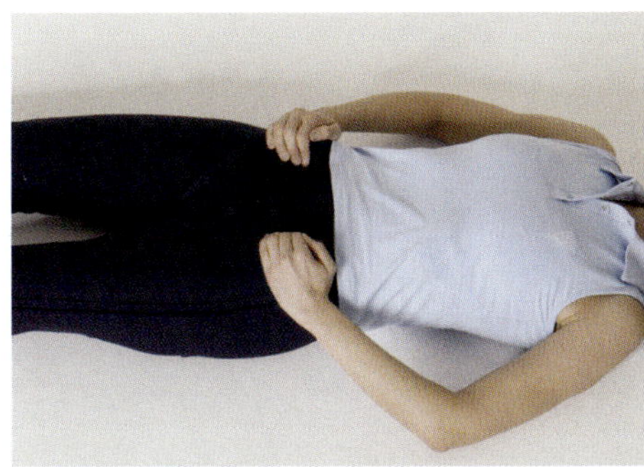

Erspüre das Mitspielen der querverlaufenden Bauchmuskulatur während der Beckenbodenanspannung.

Diese **querverlaufenden Bauchmuskeln** verlaufen, wie ihr Name sagt, wirklich quer um dich herum. Hinten sind sie, nahe der Wirbelsäule, an einer Sehnenplatte befestigt. Insgesamt hast du drei verschiedene Bauchmuskeln. Von innen nach aussen gesehen kommen zuerst die soeben erwähnten querverlaufenden Bauchmuskeln. Die mittlere Schicht bilden die **schrägen Bauchmuskeln**, welche für die Rumpfdrehungen zuständig sind . Sie verlaufen schräg zwischen den Rippen und dem Becken, in der Mitte treffen sie auf die langen geraden Bauchmuskel. Die langen **geraden Bauchmuskeln** verlaufen zwischen Brustbein und Schambein und sind für die Beugung des Rumpfes zuständig. Genauer: Der obere Anteil zieht dein Brustbein, der untere Anteil dein Schambein in Richtung Nabel.

Bauchmuskeln und Wirbelsäule

Sicher hast du schon gehört, dass bei Rückenbeschwerden die Bauchmuskulatur trainiert werden soll. Da sind allen voran die querverlaufenden Bauchmuskeln gemeint. Diese sind dafür verantwortlich, dass die Organe nach innen in Richtung Wirbelsäule gehalten werden und die Wirbelsäule dadurch gestützt und entlastet wird. Von hinten wird die Wirbelsäule durch die Rückenmuskeln und von vorne durch die querverlaufenden Bauchmuskeln stabilisiert. Du siehst die Wichtigkeit dieser Bauchmuskeln. Bei den letzten Übungen hast du auch gespürt, wie diese im direkten Zusammenhang mit dem Beckenboden stehen, das heisst, dein Beckenboden ist mitverantwortlich für eine stabile Wirbelsäule.

Tagestipps

- Übe über den Tag verteilt das „Wachsen".
- Probiere den Zusammenhang der querverlaufenden Bauchmuskeln und deines Beckenbodens zu erspüren.
- Varianten A, B und C.

Aufgaben für Fortgeschrittene

- Versuche das „Wachsen" sitzend auf dem Softball (am Boden oder auf einem Stuhl) – so hast du auch gleich noch eine Gleichgewichtsübung.
- „Wachse" beim Gehen, bis du das Gefühl hast leichter zu sein und mit federndem Gang dahin gleitest.

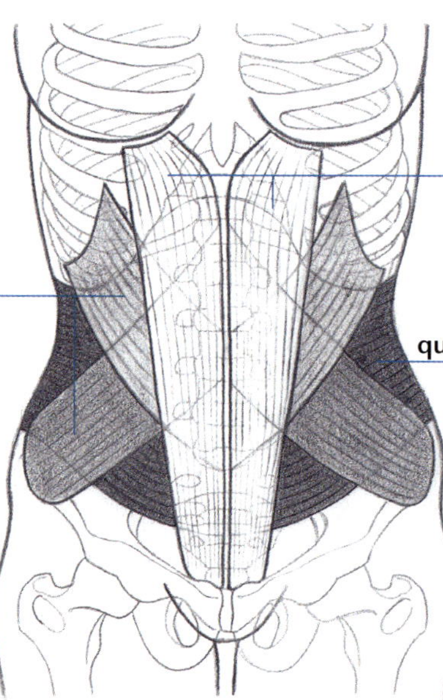

Schwangerschaft und Beckenbodentraining

„Ich bin schwanger. Darf ich Beckenbodentraining machen?" Eine häufige Frage. Ja, Schwangere dürfen oder sollen sogar ihren Beckenboden trainieren.

Am besten ist, wenn die Frau schon vor einer Schwangerschaft bereits einen guten Beckenboden hat, es besteht so später ein kleineres Risiko Beschwerden zu bekommen. Schön wäre, wenn sich Frauen mit Kinderwunsch auf die Schwangerschaft mit Beckenbodentraining vorbereiten würden, denn jeder Beckenboden wird während der Schwangerschaft schwächer. Frauen, die mit einem guten Beckenboden in die Schwangerschaft gehen, verlieren weniger Kraft als Frauen mit einem geschwächten Beckenboden.

Ist die Frau schwanger, empfehlen wir ein Beckenbodentraining. Doch die Anspannungen sollen nicht maximal und deren Dauer dem Atemrhythmus angepasst sein. Vor Trainingsaufnahme sollte sich die Frau mit ihrer Ärztin/Arzt absprechen. Es gibt Ärzte/Innen, die ein Beckenbodentraining in der Schwangerschaft partout ablehnen. Häufig besteht die Angst, dass durch mehr Kraft im Beckenboden die Geburt schwierig verläuft. Doch der Beckenboden wird dank Training auch besser wahrgenommen und kann so unter der Geburt einfacher losgelassen werden. Er wird bei der Geburt nicht schlaff, sondern gibt Gegenhalt, so dass das Kind am Beckenboden vorbeigeschoben werden kann. Ein schlaffer Beckenboden wird mit dem Kind nach unten geschoben.

Die gute Elastizität des Beckenbodens ist entscheidend. Also ist im Beckenbodentraining wichtig, dass nicht bloss auf Anspannung Wert gelegt wird, sondern auch auf die differenzierte Wahrnehmung und die Entspannung.
Während den letzten 6 Schwangerschaftswochen empfehlen Hebammen die Dammmassage. Wichtig ist die regelmäßige, intensive Massage. Dies kann die Frau selber oder der Partner ausüben. Eine Alternative bietet ein Gerät mit einem aufblasbaren Ballon zur Dehnung.

Bequeme Lagerung eventuell mit Lagerungskissen – nimm dir Zeit für dich und geniesse eine Atemreise und/oder Entspannung.

„Knie wippen"

Bauchübung: „Knie wippen"

Die „Knie wippen"-Übung* trainiert deine querverlaufenden Bauchmuskeln und du lernst dabei, deinen gesamten Rumpf zu stabilisieren. Gleichzeitig bist du in einer Umkehrposition, so dass alle Organe in Richtung Bauchraum verlagert werden und dein Beckenboden entlastet ist. Diese Übung ist für viele anfangs ungewohnt und anstrengend. Doch es lohnt sich, sie regelmässig zu machen. Du wirst sehen, wie schnell der Erfolg kommt. Einige Frauen bekamen dank dieser Übung eine schlankere Taille, nur weil dank guten querverlaufenden Bauchmuskeln der Bauchinhalt vor dem „Raushängen" zurückgehalten wurde.

Du bist für die „Knie wippen"-Übung in der Knie- Ellbogenlage. Langsam gibst du das Gewicht von deinen Knien auf die Unterarme und Füsse ab und hebst die Knie einen Zentimeter vom Boden ab. Nun bewegst du diese einen weiteren Zentimeter hoch und hinunter. Spürst du, wie um deinen Rumpf herum deine querverlaufende Bauchmuskulatur arbeitet?

* Abgeleitet von der Bürzelübung aus dem Tanzberger-Konzept

Beachte bei dieser Übung folgendes:

- Die auf und ab Bewegungen mit den Knien sind nur 1 cm klein.
- Deine Wirbelsäule bleibt lang. Damit auch dein Nacken lang bleibt, schauen deine Augen zwischen die Ellbogen auf den Boden.
- Atme weiter und damit dir das gelingt, sage am besten ein lautes „hopp... hopp ... hopp" oder „wipp ... wipp ... wipp", so unterstützt du auch deinen Beckenboden.
- Für Schwangere: Wie bei allen Übungen gilt auch hier: Wenn der Bauch hart wird, die Übung abbrechen und das nächste Mal mit weniger Intensität versuchen. Oder verweile nur in der Knie-/Ellbogenlage, solange wie es dir wohl ist.

Tagestipps

- Trainiere deine Rumpfmuskeln mit der „Knie wippen"-Übung.
- Varianten A, B und C – vielleicht lässt du heute dein Becken zu deiner Lieblingsmusik tanzen.

Herausforderung für Fortgeschrittene

- Nimm das Sitzballkissen unter die Ellbogen, so wird auch die Balance gefördert.

erschwertes „Knie wippen"

Rückbildung

Nach einer Geburt ist die Rückbildungsphase für den Beckenboden sehr wichtig. Leider gehen noch viel zu wenig Frauen in ein gezieltes Rückbildungsturnen. Dort muss nach unserer Vorstellung der Beckenboden zentral sein. Leider wird in vielen Rückbildungsturnen einfach nur „Beckenboden anspannen" instruiert und nicht weiter darauf eingegangen, was dies genau bedeutet. Möglicherweise spannt so manche Frau einfach irgend etwas an. Unser Wunsch ist, dass in jedem Rückbildungsturnen genaue Instruktionen über das Beckenbodentraining und sicher auch über die Haltung und die Integration des Beckenbodens in den Alltag abgegeben werden, damit jede Frau nach einem Rückbildungsturnen weiss, was ihren Beckenboden unnötig belastet und wie sie ihn davor schützen kann.

Bei der ärztlichen Untersuchung sechs Wochen nach der Geburt wird die Frau auf eine Senkung kontrolliert und nach einer Inkontinenz gefragt. Ist eines von beidem vorhanden, sollte die Frau in eine Beckenbodentherapie überwiesen werden.

Wenn du geboren hast, aber nicht in ein Rückbildungsturnen gegangen bist, dann möchten wir dir gratulieren, dass du jetzt mit diesem Buch ein spätes Rückbildungsturnen in Angriff genommen hast.

Anregungen für die Zeit nach der Geburt

- **Bauchlage und Umkehrpositionen**
  Nach einer Geburt ist es für die Gebärmutter und den Beckenboden sehr gut, wenn die Frau täglich eine Weile in die Bauchlage geht. Am besten mit zwei grossen Kissen. Eines unter dem Bauch, so schmerzen die Brüste nicht. Und das andere Kissen unter dem Becken, so werden die Organe in den Bauchraum verlagert. Auch die Knie-Ellbogenlage ist empfehlenswert in der Rückbildungsphase.

- **Kein Pressen**
  Sehr wichtig ist, dass die Frau nach der Geburt für weichen Stuhlgang sorgt, damit sie auf der Toilette sicher nicht presst.

- **Richtig bücken – ev. im Ausfallschritt**
  Siehe auch das richtige Bücken vom 26. Tag. Hierbei steht die Frau breitbeinig da und streckt beim in die Knie gehen das Gesäss hinten hinaus. Dabei soll sie den Beckenboden aktivieren. Für manche Frauen ist es nach einer Geburt schwierig bis unmöglich, in dieser Stellung den Beckenboden anzuspannen, da ihr Körper sich in dieser öffnenden Stellung an die Geburt erinnert und mit Loslassen statt mit Anspannen reagiert. Diese Frauen sollen sich mit einem Ausfallschritt bücken und mit der Stimme helfen den Beckenboden zu aktivieren (Hopp ...).

- **Kind hochnehmen**
  Sobald wir ein Baby (gilt aber auch für anderes) liebevoll ansehen und vor Gefühlen „schmelzen", wird der Beckenboden ganz weich und locker. Wenn wir aber streng, ernst oder grimmig dreinschauen wird der Beckenboden aktiv. Das heisst für alle die ein Baby aus der Wiege

hochnehmen; damit dein Beckenboden mitarbeiten kann, herze das Baby erst, wenn du es an dein Herz drückst und nicht bereits während des Hochhebens. Beim Hochheben gehst du am besten in einen Ausfallschritt und gibst dein Körpergewicht auf den vorderen Fuss ab.

- **Während du dein Baby stillst, solltest du nicht gleichzeitig den Beckenboden trainieren**
  Stillen ist eine körperöffnende Tätigkeit (die Milch soll ja fliessen). Dabei sollte nicht gleichzeitig der Beckenboden trainiert werden, da dies eine Körper schliessende Tätigkeit ist. Entweder fliesst die Milch nicht mehr gut oder der Beckenboden macht nicht richtig mit.

- **Beckenbodentraining**
  Wichtig! Während jeder Schwangerschaft wird der Beckenboden schwächer. Auch wenn mit einem Kaiserschnitt entbunden wurde, ist das Beckenbodentraining notwendig.
  Oft kommt es im letzten Drittel der Schwangerschaft und in den ersten Wochen nach der Geburt zu Inkontinenz. Nach der Geburt sind auch die Wände der Vagina locker. Die Vagina fühlt sich offen an, und teilweise wird beim Bewegen Luft in die Vagina gesogen, welche dann wieder mit Geräusch entweicht. All dies ist für die Frau unangenehm und kann mit dem Beckenbodentraining angegangen werden.
  Starte mit dem Training baldmöglichst nach der Geburt. In den ersten Tagen mit Übungen zur Wahrnehmung der Haltung- und Atmung. Bereits in den ersten Wochen nach der Geburt darf der Beckenboden wieder aktiviert werden – doch soll dies leicht und schmerzfrei sein.

- **Dammnarbenpflege**
  Sogar Frauen, bei denen die Geburt schon Jahrzehnte zurückliegt, hatten mit der Dammnarbenpflege guten Erfolg. Hast du eine Dammnarbe? Wenn ja, dann massiere sie während zwei, drei Monaten täglich ein paar Mal mit etwas Öl (Olivenöl extravergine oder Johanniskraut Öl oder unparfümierte Narbensalbe). So sind schon bei vielen Frauen unschöne harte Narben wieder geschmeidig geworden und allfällige Dammschmerzen zurück gegangen.

- **Bauchmuskeltraining**
  Lasse die Rumpfbeugeübungen bleiben (siehe 32. Tag). Sie sind zu belastend für den Beckenboden. Die von uns beschriebenen Bauchübungen wie „Knie wippen“, „Beckenrollen“, „Bauchübung mit Softball“ und die „Bauchübung in Bauchlage“ können bereits ein paar Wochen nach der Geburt geturnt werden. Diese helfen sogar besser als die Rumpfbeugeübung, wieder einen flachen Bauch und eine schöne Haltung zu bekommen. Da all diejenigen Muskeln trainiert werden, welche dir die innere Stabilität geben.

Bauchübung in Bauchlage

Lege dich für diese Übung bequem auf den Bauch. Zuerst beobachtest du deine Atmung, wie diese ein- und ausfliesst.
Achte besonders auf deinen Bauch. Spürst du, wie sich die Auflagefläche deines Bauches vergrössert beim Einatmen und wieder kleiner wird beim Ausatmen? Dann konzentrierst du dich auf deinen Nabel. Mit dem Ausatmen holst du die-

sen in dich hinein, so als möchtest du ihn an deine Wirbelsäule heften. Den hineingezogenen Nabel ziehst du noch weiter in Richtung Herz hoch.
Beim Einatmen kannst du alles wieder loslassen.
Wiederhole dies während zwanzig Atemzügen. Spürst du, wie deine Bauchmuskeln arbeiten? Kannst du auch die Mitarbeit deines Beckenbodens spüren? Du kannst deinen Beckenboden jeweils mit dem Nabel zusammen in dich hineinziehen und wieder lösen. Verstärke die Anspannung, indem du bei der Ausatmung chchch … sagst.

Bauchübung in Bauchlage

Tagestipps

- Führe die Bauchübung in Bauchlage aus.
- Solltest du bei einer Geburt eine Dammverletzung oder einen Dammschnitt erlitten haben, dann führe in nächster Zeit die Dammnarbenpflege durch.
- Varianten A, B und C.

Übung für Fortgeschrittene

- Mach die Bauchübung in Bauchlage mit dem Softball und halte die Spannung während ein paar Atemzügen an.

Gleichgewicht – innere Balance

Der Alltag ist meistens ohne grosse körperliche Balancefähigkeiten gut zu meistern. In der Regel musst du keine glitschigen Sümpfe durchqueren, über rutschige Geröllhalden gehen, über schmale Brücken balancieren und über wacklige Hindernisse klettern wie unsere Vorfahren, welche zur täglichen Nahrungsbeschaffung ein Balanceprogramm zu bewältigen hatten. Wir treffen asphaltierte Strassen an, selbst Waldwege sind aufgeräumt und ohne Hindernisse. Häufig ist der einzige körperliche Balanceakt, der Stehplatz im Bus. Da wirst du in deiner Balance gefordert, gerätst aus dem Gleichgewicht und musst dich an der Stange festhalten.

In folgenden Situationen ist ein gutes Gleichgewicht wichtig:

- **Balance und Osteoporose**
  Im Alter besteht bei Frauen ein grosses Risiko, brüchige Knochen (Osteoporose) zu bekommen. Eine gute Balance sorgt dafür, dass du nicht wegen jedem Stolpern fällst und dir etwas brichst. Sorge bereits in jungen Jahren für eine kräftige Muskulatur. Dies bewirkt auch kräftige Knochen, damit du im Alter ein gutes „Knochendepot“ hast. (Weiteres folgt am 42. Tag).

- **Balance und Sport**
  Balance spielt in vielen Sportarten und Freizeitaktivitäten eine wichtige Rolle, nämlich beim Langlauf, Skifahren, Snowboarden, Rollerbladen, Schlittschuhlaufen, etc. Mit einer gewissen Grundkondition und einer guten Balance sind diese Sportarten meist schnell lernbar. Je schlechter die Balance ist, desto schwieriger wird es sein, eine von ihnen zu erlernen.

- **Balance und Gesundheitstraining**
  Wenn du balancierst, muss die Haltemuskulatur, welche deine Gelenke stabilisiert, hellwach sein, um dich vor dem Umfallen zu schützen. Nutze dies im Training gezielt aus: Wenn du die Haltungs- und Stabilisierungsmuskeln optimal trainieren möchtest, bereichere dein Training mit Balanceübungen. So hast du die optimalste Muskelaktivierung.

- **Balanceübungen und Beckenbodentraining**
  Wenn du balancierst, ist auch dein Beckenboden aktiviert, und umgekehrt vereinfacht ein guter Beckenboden das Balancieren. Einige Kursteilnehmerinnen bestätigten, dass sie nach dem Beckenboden-Kurs in Sportarten, wo die Balance gefragt ist, deutlich besser wurden.

Balance ist lernbar

Übe die Balance immer wieder. Mache es den Kindern gleich. Wenn du im Wald spazieren gehst, balanciere auf einem liegenden Baumstamm, oder wenn du eine Linie am Boden siehst, balanciere wie eine Seiltänzerin darauf. Benutze dein Fahrrad bis ins hohe Alter und mache regelmässig eine der folgenden Übungen.

Drei Übungen im Stehen für deine Balance

Beachte bei diesen Übungen:

- Konzentriere dich auf deine Fuss- und Beinposition. Wenn du diese richtig einnimmst, geht das Balancieren viel einfacher.
- Achte auf deine Haltung, richte dich auf, ziehe deine Wirbelsäule lang, denn wenn du gut aufgerichtet bist, fällt dir das Balancieren leichter, weil so deine drei wichtigsten Haltemuskeln aktiviert sind (Beckenboden, querverlaufende Bauchmuskeln, tiefliegende Rückenmuskeln).
- Beim Balancieren spielen auch deine Augen eine wichtige Rolle. Fixiere mit deinen Augen etwas, das sich nicht bewegt. So wird das Balancieren einfacher. Möchtest du es aber erschweren, da du schon fortgeschritten bist, dann schaue mit deinen Augen umher, drehe sogar deinen Kopf oder schliesse deine Augen. So wird's ganz schön wacklig.

Einbein Stand

Stehe auf einem Bein und hebe das andere Bein hoch. Bleibe so stehen und geniesse die Balancearbeit, welche du verrichten musst.

- Spürst du, wie dabei auch die Fussmuskeln des Standbeines arbeiten müssen? Sobald dein Fuss einknickt, verlierst du die Balance.
- Versuche in dieser Position deinen Beckenboden noch zusätzlich anzuspannen.
- Bewege dein vom Boden abgehobenes Bein vor und zurück oder seitlich. Kannst du so noch die Balance halten und den Beckenboden wahrnehmen?

Balanceübung: Einbeinstand

Balance auf dem Sitzballkissen

Balance auf dem Sitzballkissen

- Stehe auf das Sitzballkissen. Kannst du die Balance finden? Kreise auf deinen Füssen.

Tag 36

Abgestützter Einbeinstand

Stelle die grosse Zehe des entlasteten Beines direkt hinter die Ferse des Fusses, auf dem du stehst. Geniesse so die Balance. Dies ist die unauffälligste Übung. Diese kannst du sogar an der Bushaltestelle ausführen.

Balanceübung: Auf dem Sitzballkissen

Balanceübung: Abgestützter Einbeinstand

Tagestipps

- Mache die Balanceübungen „Einbeinstand“, „Balance auf dem Sitzballkissen“ und „Abgestützter Einbeinstand“.
- Varianten A, B und C – wähle eine Umkehrübung aus. Wie wäre es mit dem „Becken geht in die Höhe“?

Herausforderung für Fortgeschrittene

- Versuche die Balanceübungen mit geschlossenen Augen.

Blasenentzündung

Viele Frauen leiden an Blasenentzündungen, häufig schon als Kind oder junge Frau. Einige Frauen immer wieder, andere nie oder nur ganz selten. Für manche Frauen ist die Blasenentzündung in einer Lebensphase häufig und in der nächsten kommt sie nicht mehr vor.

Wieso gewisse Frauen immer wieder an Blasenentzündungen leiden, ist auch für die Schulmedizin oft ein Rätsel. Fest steht, dass bei uns Frauen die Harnröhre nur etwa 2 bis 4 cm lang ist. Die Krankheitserreger können leichter bis in die Blase eindringen als bei Männern. Die Verlagerung der Blase und Harnröhre bei einer Senkung, sowie das dünner werden der Schleimhäute in den Wechseljahren und der Menopause können einen Infekt begünstigen.
Die Blasenentzündung ist ein Zeichen für ein geschwächtes Immunsystem und oft auch ein Zeichen einer ungenügenden Flüssigkeitszufuhr.

Häufige Blasenentzündungen sind schädigend für die Blase. Sie reagiert mit der Zeit dauernd gereizt. Wenn die Frau oft (mehr als einmal in zwei Jahren) an einer Blasenentzündung erkrankt, soll sie folgendes versuchen:

Möglichkeiten eine Blasenentzündung zu vermeiden

- **Achte dich,** wann du die Blasenentzündung bekommst. Ist dies bei Stress, Erkältung, psychischen Problemen, nach dem Geschlechtsverkehr ...? Vielleicht kannst du daraus einige Rückschlüsse ziehen.
- **Informiere dich.** In grösseren Buchhandlungen kannst du aus einem breiten Angebot von Gesundheitsratgebern zum Thema Blasenentzündung Literatur auswählen.
- **Trinke viel (Wasser).**
Keine eisgekühlten Getränke, am besten Raumtemperatur oder warme Getränke. Trinke möglichst wenig alkoholische Getränke, besonders Weisswein kann die Neigung zur Blasenentzündung verstärken.
- **Warme Füsse:** Warme Socken, warmes Fussbad, Fusstraining, allgemeines Ausdauertraining.
- **Warmer Unterleib:** Warm anziehen, auf warme Bettflasche sitzen.
- **Auf die Ernährung achten:** Vermeide säurebildende Nahrungsmittel wie Fleisch, Eier, Weissmehlspeisen, Kaffee, Alkohol,.... Ernähre dich möglichst von Früchten, Gemüse und Salaten.
- **Iss Kürbiskerne und trink Preiselbeersaft,** sie tun der Blase gut.
- **Bärentraubenblätter Tee:** Bei den ersten Anzeichen einer möglichen Blasenentzündung trinken. Am besten wirkt er ohne Zucker. (Es gibt auch Bärentraubenblätter-Kapseln)
- Benutze für deine **Intimpflege** spezielle, unparfümierte Waschlotionen. Es gibt solche, die rückfetten oder desinfizieren. Bei der Intimpflege immer von vorne nach hinten reinigen. Bei wiederkehrenden Reizungen, Entzündungen und Juckreize können auch Vaginalduschen helfen (siehe Anhang). Lass dich von einer Fachperson beraten.
- **Kräftige deine Immunabwehr** z.B. mit Echinacea und Vitamin C.
- **Streiche eine dünne Schicht Vaseline, Olivenöl oder Spezialgel** (siehe Anhang) direkt auf den Intimbereich.

- Einen Tropfen verdünntes **Teebaumöl** in die Unterwäsche oder direkt auf den Intimbereich geben.
- **Vor dem Geschlechtsverkehr ein Glas Wasser trinken**, um danach gut Wasserlösen zu können. Allfällig aufsteigende Keime schwemmst du so gleich wieder hinaus.

Wichtig: während einer Blasenentzündung solltest du mit dem Beckenbodentraining pausieren, damit du den Entzündungsherd nicht noch mehr reizt.

Tagestipps

- Das Bild der Sonnenblume kannst du bei deinen Beckenbodenübungen, egal in welcher Lage verwenden. Es kann dir helfen, deinen Beckenboden differenzierter wahrzunehmen. Versuche heute alle Spannungen der Varianten B und C mit dem Bild der Sonnenblume durchzuführen.

Aufgabe für Fortgeschrittene

- Versuche nur einzelne Blütenblätter zu schliessen und wieder zu öffnen.

Sonnenblumenübung

Stelle dir eine wunderschöne grosse Sonnenblume vor. Dein Beckenboden ist diese Sonnenblume. Das Zentrum der Blüte ist dein Damm, und von diesem aus gehen alle gelben Blütenblätter ringsherum weg. Wenn dein Beckenboden entspannt ist, dann ist deine Sonnenblume schön geöffnet. Sobald sich die Blüte schliesst, spannt sich dein Beckenboden an, das heisst das Zentrum der Blüte (Damm) zieht sich in dich hinein, so dass sich die Blütenblätter unter dir von allen Seiten her verschliessen können.

Nach ein paar Sekunden öffnest du die Blüte wieder und lässt sie wieder gross und weit werden.

Mit dem Bild der Sonnenblume kannst du genau beobachten, ob dein Beckenboden, sei dies beim Anspannen (schliessen der Blüte) oder beim Entspannen (öffnen der Blüte), von allen Seiten her mitmacht, oder ob du nur stellenweise mit ihm arbeitest, vielleicht nur von der Seite her und nicht auch von vorne und hinten.

Ernährung für die Frau

Die Ernährung ist für die Gesundheit ausschlaggebend, wird aber häufig nicht so ernst genommen. Wenn eine Mahlzeit sättigt ist alles gut.

Leider essen wir oft nur noch **Esswaren** mit dem Ziel, dass sie schmecken, rasch zubereitet sind und satt machen. Gesünder wäre es, **Lebensmittel** zu essen. Diese schmecken auch (häufig sogar viel besser) und machen mehr als nur satt. Sie geben uns alles Wichtige für das Leben und unsere Gesundheit.

Was ist der Unterschied zwischen Esswaren und Lebensmitteln? Alles was wir zum Leben brauchen wird uns von der Natur gegeben, eben die Lebensmittel. Wäre dies nicht so, wäre die Menschheit schon lange ausgestorben. Esswaren sind von der Industrie hergestellte, abgewandelte, umgewandelte und neu zusammengesetzte Nahrungsmittel, so auch sämtliche Produkte von Tieren. Für Nahrungsmittel wird Werbung gemacht, weil hier viel Geld verdient werden kann, für Lebensmittel = die Natur, wird selten geworben.
Da Frauenleiden häufig im direkten Zusammenhang mit der Ernährung stehen, ist es uns ein Anliegen, dich anzuregen, dir ein paar Gedanken über deine Ernährung zu machen. Das prämenstruelle Syndrom z.B. kann mit einer esswarenarmen und lebensmittelreichen Essensweise beeinflusst werden. Ebenso kann Osteoporose vorgebeugt, Blasenreizungen beruhigt und Probleme der Wechseljahre reduziert werden. Einige Ernährungsexperten

sprechen sogar vom direkten Zusammenhang der falschen Ernährung mit vielen Krebsformen, Rheuma, Allergien und Diabetes.

Eine gesunde Ernährung sollte mindestens zu 80% aus Lebensmitteln bestehen, welche vollwertig sind. Das heisst so frisch wie nur möglich, so reif wie nur möglich, so natürlich erzeugt wie nur möglich, nicht bearbeitet und verändert.

Mit der Ernährung sind auch viele Emotionen verbunden, z.B. Lust bis Sucht auf gewisse Nahrungsmittel. Soziale Aspekte und Tradition machen es uns häufig schwer, etwas an der Ernährung zu ändern.

Viele Menschen sind sich bewusst, dass die Gesundheit ihr wertvollstes Gut ist. Wir denken, die Gesundheit kann am direktesten und am nachhaltigsten über die Ernährung beeinflusst werden. Wir dürfen und müssen kritisch sein, was wir unserem Körper zuführen.

„Beingrätsche"

Für diese Übung brauchst du den Keil (oder ein grosses Kissen). In Rückenlage schiebst du den Keil unter dein Gesäss, so dass die höhere Kante in Richtung Füsse schaut, damit dein Becken in eine Umkehrposition kommt. Hebe beide Beine gestreckt in die Luft. Öffne sie und führe sie so weit auseinander, bis du in einer Grätsche bist. Du spürst dabei eine Dehnung an der Schenkelinnenseite. Bleibe 15 bis 20 Sekunden in dieser Dehnung. Spanne dann deinen Beckenboden an und führe die Beine wieder zusammen bis sich die Fersen berühren und du diese fest aneinander drücken kannst. Wiederhole dies 5- bis 20-mal. Bleibe jeweils zirka 20 Sekunden in der Dehnung und führe dann die Beine wieder mit gespanntem Beckenboden zusammen.
Probiere, ob du auch beim Auseinandergehen der Beine den Beckenboden gespannt halten kannst.

Turne die Beingrätsche im Atemrhythmus: Beim Schliessen der Beine ausatmen, evt. chchch ...), beim Öffnen der Beine einatmen.

„Beingrätsche"

Tagestipps

- Überdenke deine Ernährung und prüfe sie auf Menge und Qualität der Lebensmittel. Was möchtest du ändern?
- Probiere die „Beingrätsche"-Übung aus.
- Varianten A, B und C.

Herausforderung für Fortgeschrittene

- Mache die Beingrätsche anstelle des Keils mit dem Softball. So hast du zusätzlich auch noch deine Balance gefördert.

Hormone im Leben der Frau – weiblicher Zyklus – Pille – Schwangerschaft

Die Themen von heute stehen nicht in direktem Zusammenhang mit dem Training des Beckenbodens. Doch wir erachten es als spannend, den Einfluss der weiblichen Hormone zu kennen. Neben den hormonellen Abläufen während des weiblichen Zyklus, zeigen wir auch die Wirkung der Pille und der Hormone während der Schwangerschaft auf.

Der weibliche Zyklus

In den Eierstöcken sind die Eizellen gelagert. Monat für Monat reift ein Ei heran. Das Ei befindet sich dabei in einem sogenannten Follikel (Eibläschen). Während der Reifung des Eis bilden sich in der Wand des wachsenden Eibläschens Östrogene, welche ins Blut abgegeben werden.

Dabei erreicht in den letzten Tagen vor dem Eisprung, wenn das Eibläschen auf eine Grösse von etwa 2 mm herangewachsen ist, der Östrogenspiegel seinen höchsten Wert.

Die Östrogene haben auf die Gebärmutter (Uterus) verschiedene Wirkungen:

- Die Gebärmutterschleimhaut (Endometrium), die bei der vorhergegangenen Periodenblutung abgestossen wurde, wird wieder neu aufgebaut.

- Der Schleim im Gebärmutterhalskanal (Zervixkanal) verflüssigt sich und nimmt an Menge erheblich zu. Je mehr Östrogene das reifende Eibläschen produziert, desto dünnflüssiger wird der Zervixschleim.

Diese Vorgänge in der sogenannten Follikelphase werden der Hirnanhangdrüse signalisiert, worauf diese mit der Ausschüttung von LH (luteinisierendes Hormon) reagiert und den Befehl gibt, die Eizelle freizugeben. Der Follikel platzt auf und bei diesem Follikel- oder Eisprung (Ovulation), etwa um den 14. Zyklustag, verlässt das nun befruchtungsfähige Ei den Eierstock und wandert in den trichterförmigen Teil der Eileiter.

Von dort geht es weiter in die Gebärmutter. Ist es nicht befruchtet worden, bleibt es nur einige Stunden lebensfähig.

Die Zellen des leeren Eibläschens, das im Eierstock zurückblieb, bilden sich zu einer Drüse um. Wegen ihrer Farbe heisst sie Gelbkörper. Diese beginnt jetzt mit der Produktion des Progesterons = Gelbkörperhormon.

Die Hauptaufgaben des Progesterons sind:

- Die aufgebaute Gebärmutterschleimhaut auf die mögliche Einnistung eines befruchteten Eis vorzubereiten. Das heisst, durch das Progesteron bekommt die Gebärmutterschleimhaut einen völlig neuen Aufbau.

- Der Schleim im Gebärmutterhalskanal wird wieder zähflüssig, seine Menge reduziert sich und schliesslich dichtet er wieder wie ein Pfropf den Gebärmutterhals ab.

- Unter dem Einfluss des Progesterons steigt die Körpertemperatur an und bleibt bis zum Ende des Zyklus erhöht. Diese erhöhte Temperatur zeigt an, dass jetzt die fruchtbare Phase vorbei ist .

Kam es zu keiner Befruchtung, hört die Produktion des Progesterons nach knapp 14 Tagen wieder auf. Die nun nicht benötigte Schleimhaut – etwa zwei Drittel – wird abgebaut und auf Veranlassung der Eierstöcke in Form der Menstruation abgestossen. Dies geschieht etwa alle 28 Tage, also etwa 13-mal pro Jahr und dauert etwa 4 bis 5 Tage. Als erster Zyklustag wird der Tag der einsetzenden Menstruation gerechnet.
Durch Stress, Krankheit, Medikamente, Jahreszeitenwechsel, Jetlag ... kann sich die Menstruation verschieben.

Östrogen ist das weibliche Geschlechtshormon und wird überwiegend in den Eierstöcken gebildet, geringe Mengen in den Fettzellen, im Gehirn und in den Nebennieren und während der Schwangerschaft in der Plazenta. Der Mann bildet in den Hoden auch geringe Mengen von Östrogenen. Umgekehrt werden bei der Frau in den Eierstöcken und in der Nebennierenrinde kleine Mengen des männlichen Geschlechtshormons Testosteron gebildet. Dies bewirkt bei der Frau unter anderem die Lust auf Sexualität und sensibilisiert die Brüste und die Klitoris.

Die Pille
Die Pille hat uns Frauen viel Freiheit gegeben und die Angst vor einer ungewollten Schwangerschaft genommen.

Sie kam 1960 in den USA auf den Markt, bald darauf auch in der Schweiz.

Angekündigt wurde die Pille damals als Mittel gegen Menstruationsbeschwerden. Ihre empfängnisverhütende Wirkung führte der Beipackzettel unter Nebenwirkungen auf. Den Ärzten legte der Pharmakonzern nahe, die Pille nur verheirateten Frauen mit mindestens zwei Kindern zu verschreiben. Die Pille wurde so per Zufall entdeckt, auf der Suche nach Medikamenten gegen Rheuma, Periodenschmerzen ...

Die Pille ahmt die Hormonbildung in der zweiten Zyklushälfte und ihre Auswirkung auf den Eierstock nach. Aus diesem Grund enthalten die meisten der heute erhältlichen Pillenpräparate eine Kombination der beiden Hormone Östrogen und Progesteron.

Infolgedessen findet kein Eisprung statt und damit ist eine Befruchtung nicht möglich. Die Gebärmutterschleimhaut verändert sich durch die Hormone so, dass sich eine doch befruchtete Eizelle nur schlecht einnisten kann. Ausserdem verfestigen die Hormone den Schleimpfropf vor dem Muttermund, sodass die Spermien nur äusserst mühsam in die Gebärmutter und in den Eileiter gelangen können.

Neben der sicheren Empfängnisverhütung hat die Pille andere positive Seiten, weswegen sie zum Teil auch eingenommen wird:

- Positiver Einfluss auf die Haut. In der Pubertät, wenn die Hormone noch nicht eingestellt sind, bewirkt der Überfluss von männlichen Geschlechtshormonen eine Verhornung der Talgdrüsen und/oder eine übermässige Entwicklung des Fettmantels. Die Östrogene der Pille wirken dem entgegen.

- Blutungsstärke der Menstruation reduziert sich (=seltener Eisenmangel).
- Menstruationsschmerzen sind geringer.
- Regelmässiger und berechenbarer Zyklus (auch auf Reisen...).

Nachteile der Pille:
- weniger Lust auf Sex.
- mehr Mühe zum Orgasmus zu kommen.
- Gewichtszunahme.
- kann eine Thrombose begünstigen.

Ganz klar, die Pille ist etwas Unnatürliches. Doch ist es natürlich, erst mit 28–38 Jahren nur ein oder zwei Kinder zu bekommen? Früher war die Frau während zehn Jahren ihres Lebens schwanger und fast nochmals solange am Stillen.
Für uns stimmt es, möglichst medikamentenfrei durchs Leben zu gehen, also ohne Pille. Jede Frau soll jedoch für sich entscheiden und ihren eigenen Weg zum Thema Empfängnisverhütung finden.

Schwangerschaft
In der Schwangerschaft finden zahlreiche hormonelle Umstrukturierungen statt.
In den ersten Wochen der Schwangerschaft sinken die Hormone Progesteron und Östrogen nicht wieder ab, wie das in der zweiten Hälfte des Menstruationszyklus üblich ist, sondern steigen weiter auf einen hohen Level und bleiben so während der gesamten neun Monate.

Der Mutterkuchen (Plazenta) funktioniert fast als eigene Fabrik für Hormone. Neben grossen Mengen von Östrogen und Progesteron schüttet er vor allem spezielle Schwangerschaftshormone aus, die dafür sorgen, dass der Fötus richtig ernährt wird.

Das Schwangerschaftshormon Relaxin wird im Uterus und von der Plazenta hergestellt. Es lockert die Bänder. Viel Relaxin kann während der Schwangerschaft zu Rückenbeschwerden führen.

Ein weiteres Schwangerschaftshormon ist das Prolaktin. Es ist für die Milchbildung zuständig und wird in der Hypophyse produziert. Das Östrogen regt die Bildung von Prolaktin an. Prolaktin vermindert den Geschlechtstrieb, weswegen viele Frauen während der Schwangerschaft und Stillzeit weniger Lust auf Sexualität haben.

Bei der Geburt werden grosse Mengen des Hormons Oxitozin ausgeschüttet.

Nach der Entbindung kommt es zu einem abrupten Abfall der in der Plazenta produzierten Hormone. Wahrscheinlich hängt die Wochenbettdepression damit zusammen. 3 bis 6 Monate nach der Entbindung kommt es wieder zur Menstruation.

Durch die Hormonumstellung nach der Geburt, kommt es oft vor, dass die Frau während der ersten sechs Wochen an Inkontinenz leidet. Meistens verschwindet diese wieder von sich aus. Trotzdem sollte es ernst genommen werden, denn die betroffenen Frauen haben ein grösseres Risiko, später in ihrem Leben an einer Belastungsinkontinenz zu leiden.

Tag 39

Beinschaukel und fliegende Beine mit dem Softball

Versuche die „Beinschaukel" (29. Tag) und die „fliegenden Beine" (31. Tag) mit dem Softball anstelle des Keils zu turnen, so dass du ganz schön ins Balancieren kommst.

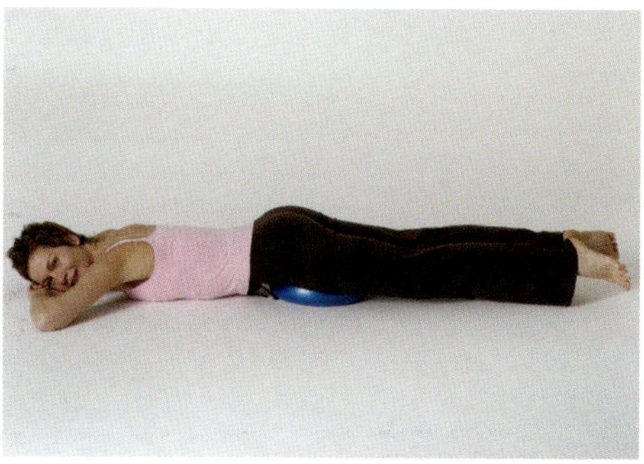

„fliegende Beine" auf dem Softball

„Beinschaukel" auf dem Softball

Bei der Beinschaukel lässt du zu Beginn eine Hand auf dem Boden liegen, so hast du noch etwas mehr Stabilität. Fixiere mit deinen Augen einen Punkt so geht es nochmals einfacher.

Tagestipps

- Übe die „Beinschaukel" und „fliegende Beine" auf dem Softball.
- Varianten A, B und C über den Tag verteilt, in den Alltag integriert.

Herausforderung für Fortgeschrittene

- Halte bei der Beinschaukel mit beiden Händen dein Knie und schliesse die Augen. So wird es ganz schön wacklig und du wirst in deiner Balance gefordert.

Menstruation – die rote Lebensphase der Frau

Uns gefallen die symbolischen Farben der Lebensphase einer Frau. Diese Farbzuordnung ist seit Jahrtausenden bekannt. So symbolisiert die Farbe Weiss die Mädchenzeit von der Geburt bis zur ersten Menstruation. Mit der ersten Menstruation beginnt die rote = fruchtbare Lebensphase und ab der Menopause die schwarze = unfruchtbare Lebensphase.

„Ich habe die Mens", wenn Frau dies sagt, bedeutet es oft, dass es ihr im Moment nicht so gut geht. Dass sie wahrscheinlich Bauchschmerzen hat und psychisch nicht so gut drauf ist.

Oft wird die Menstruation nur negativ empfunden, obwohl heute die Zeit der Menstruation dank Binden, Tampons und Co. viel einfacher ist als früher.

Menstruation und Beckenbodentraining

Hilft Beckenbodentraining bei Menstruationsbeschwerden? Ja, vielen hat es sehr gut geholfen, das heisst, dass unregelmässige Blutungen regelmässiger wurden, und dass starke Blutungen mit Krämpfen sich normalisierten. Auch das Gegenteil kommt vor (wenn das geschah, war es oft in den ersten Monaten nach Trainingsaufnahme).

Von einem fitten, gut durchbluteten Beckenboden profitiert nicht nur der weibliche Zyklus und die Menstruation, sondern auch die Fruchtbarkeit.

Eine weitere Frage, die immer wieder gestellt wird: „Sollen während der Menstruation überhaupt Beckenbodenübungen gemacht werden?"
Unsere Empfehlung: Mach das, was du magst. Erlaube dir faul zu sein.
Vor der Menstruation lagert der Körper gerne Wasser ein. Alles, inklusive der Beckenboden, wird so schwerer und weicher. Kurz vor der Menstruation nehmen die meisten ihren Beckenboden weniger differenziert wahr, und in den ersten zwei Tagen der Menstruation haben viele keine Lust, diesen zu trainieren.

Vor und in den ersten Tagen der Menstruation sollten beckenbodenbelastende Situationen (Joggen, Hüpfen), besonders mit voller Blase vermieden werden.

Begrüsse deine Menstruation

Wir Frauen sind „zyklisch". Fast während der Hälfte unseres Frauenlebens begleitet uns die Menstruation. Versuche dich mit ihr zu versöhnen. Gib ihr einen eigenen und wichtigen Stellenwert. Heisse sie willkommen. Dies kannst du, indem du in diesen Tagen besonders auf deine Bedürfnisse horchst und dir etwas zu liebe tust, oder indem du deine Menstruation mit etwas rotem begrüsst (rotes Kleidungsstück tragen, etwas rotes Essen, eine rote Kerze anzünden ...).
Bei Beschwerden an den Tagen vor der Menstruation oder während den Blutungen, raten wir dir, dich von einer Fachperson beraten zu lassen. Es gibt sehr gute natürliche Präparate, die dich unterstützen.
Es gibt Frauen, die sind während der Menstruation psychisch oder körperlich topfit. Geniesse diesen Energie-

schub und verwende ihn sinnvoll für das, was dir aus dem Herzen heraus als eine wichtige Arbeit/Aktivität erscheint. Bei Sportlerinnen wurde festgestellt, dass diese in der ersten Zyklushälfte (von Menstruation bis Eisprung) die besseren Leistungen vollbringen können als in der zweiten Zyklushälfte.

„Sitzbeinhöcker marschieren“

Werde dir im Sitzen deiner Sitzbeinhöcker bewusst. Stelle sie dir als zwei kleine Beinchen vor. Marschiere mit diesen auf der Sitzfläche nach vorne zur Stuhlkante und wieder zurück. Während du marschierst, beobachte ob du einen Sitzbeinhöcker nach dem anderen mit der Kraft des Beckenbodens und der seitlichen Rumpfmuskulatur vom Stuhl abhebst. Oder wackelst du mit deinem ganzen Rumpf von Seite zu Seite? Versuche mit einem deutlichen Sitzbeinhöcker-Abheben zu marschieren ohne, mit dem Rumpf zu wackeln.

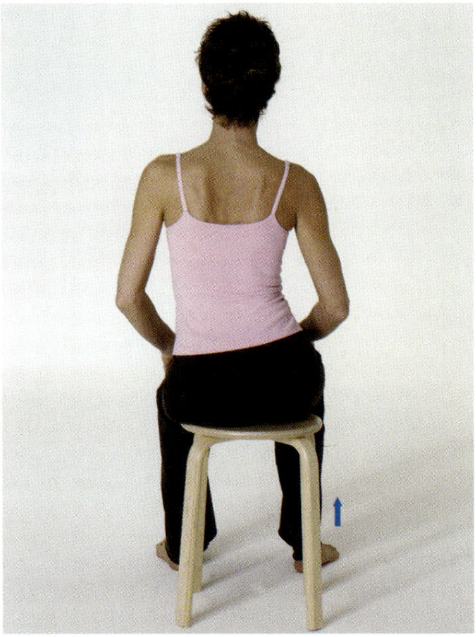

„Sitzbeinhöcker marschieren“ auf dem Stuhl

Sitzbeinhöcker marschieren geht auch auf dem Boden. Setze dich mit gestreckten Beinen und langgezogener Wirbelsäule auf den Boden. Wenn du die Wirbelsäule nicht aufrichten kannst, winkelst du deine Beine etwas an. Marschiere auf deinen Sitzbeinhöckern vorwärts und rückwärts. Auf der Seite, wo du das Sitzbein hochhebst, ist dein Beckenboden angespannt.

„Sitzbeinhöcker marschieren“ am Boden

Tagestipps

- Sitzbeinhöcker marschieren, mehrmals täglich auf einem Stuhl und zwischendurch auch mal auf dem Boden.
- Varianten A, B und C.

Übung für Fortgeschrittene

- Stelle dir beim Treppensteigen und Gehen deine Sitzbeinhöcker vor und denke, du würdest mit ihnen die Treppe hochsteigen oder vorwärts gehen.

Wechseljahre und Menopause – die schwarze Lebensphase der Frau

Einige Frauen sind erleichtert, dass sie die Menstruation nicht mehr bekommen und keine Angst vor einer ungewollten Schwangerschaft haben müssen. Andere wiederum haben grosse Angst vor den Wechseljahren.

Die Wechseljahre sind eine Wechselzeit von der fruchtbaren roten Lebensphase in die unfruchtbare schwarze Lebensphase. Unfruchtbar und schwarz, dies tönt negativ. Es ist die Zeit des Loslassens. Die Frau stellt sich auf eine neue Phase ein, in der die Energien in ihr bleiben, nicht mehr zum menstruieren, schwanger werden und Kinder aufziehen verwendet werden. Es ist eine andere, schöne Lebensphase, in der sich die Frau neu orientieren kann.

Ein paar hormonelle Fakts zu den Wechseljahren

Mit den Wechseljahren, der hormonellen Umbruchphase der Frau, beginnen die Keimdrüsen ihre Produktion von Geschlechtshormonen zu senken, und damit schwindet auch die Fähigkeit zur Fortpflanzung. Nachdem die Eierstöcke seit Beginn der Geschlechtsreife jeden Monat ein befruchtungsfähiges Ei zur Verfügung gestellt haben, sind sie anfangs 50 erschöpft. Bereits ab 40 sinkt das Gewicht der Eierstöcke und erreicht nach dem 60. Lebensjahr seinen Tiefstwert. Entsprechend nimmt die Produktion der weiblichen Geschlechtshormone stetig ab.

Aufgrund verspäteter oder ausbleibender Eisprünge bildet sich ab 40 als erstes das Progesteron zurück. Der Östrogenspiegel sinkt erst ab etwa 45 Jahren. Solche Umwälzungen laufen oft nicht unbemerkt ab.

Als **Klimakterium** wird die Zeit der Wechseljahre und der Menopause bezeichnet. Es wird in drei Abschnitte unterteilt.

Die **Prämenopause**, die etwa sechs Jahre vor der eigentlichen Menopause beginnt. Erste körperliche Signale für den Eintritt in die Prämenopause können sein:

Müdigkeit und Schlafstörungen, Nervosität und Reizbarkeit, Kopfschmerzen, Spannungsgefühl in den Brüsten, Herzunruhe, Hitzewallungen, Schweissausbrüche, Depression ...

Die **Menopause**, die Zeit der letzten Menstruation plus das Jahr danach. Im Durchschnitt kommen die Frauen heute zwischen 53 und 55 Jahren in die Menopause.

Die **Postmenopause**. Diese dauert bis etwa sechs Jahre nach der Menopause.

Ein Drittel der Frauen leidet unter massiven Beschwerden. Ein Drittel hat mehr oder weniger schwere Beschwerden und ein Drittel spürt nicht viel von der Umstellung.

Mögliche Beschwerden in den Wechseljahren

- Die Schleimhäute werden dünner,
  - spürbar mit Schmerzen beim Geschlechtsverkehr.
  - Inkontinenz, da auch die Schleimhaut in der Harnröhre dünner wird und so der Verschluss nicht mehr genügend gewährleistet ist.
- Rückgang des Zahnfleisches.
- Allgemein trockenere dünnere Haut.
- Juckreiz.

- Trockene Augen.
- Keine Lust auf Sex.
- Vegetative Störungen, wie gestörte Herztätigkeit, Verdauungsprobleme, Wärmeregulationsstörungen, depressive Verstimmungen
- Nervosität, Reizbarkeit, Kopfschmerzen, Schlaflosigkeit und Ängste

Nicht alle Frauen spüren diese Symptome und keine Frau leidet an sämtlichen.
Hitzewallungen, das häufigste vegetative Symptom, tritt bei rund 70% aller Frauen auf. Ebenso Schwitzen und Schwindel. Schuld daran ist nicht allein der tiefe Östrogenspiegel, sondern auch die Unordnung im Hormonhaushalt. Die Hypophyse registriert den zu niedrigen Östrogenspiegel und schüttet nun vermehrt Hormone aus, um die Eierstöcke zu ihrer normalen Östrogenproduktion anzuregen. Doch die sind zu erschöpft, um entsprechend antworten zu können. Die Hirnanhangdrüse versucht weiter durch laufend verstärkte Reize dem tiefen Östrogenspiegel entgegenzuwirken und so entgleist das System immer wieder.
Viele Frauenbeschwerden werden heute mit künstlich hergestellten Hormonen behandelt. Langfristige Folgen für den weiblichen Körper sind noch nicht bekannt. Resultate von Langzeitstudien werden erwartet.
Vielleicht ist die „Wechselzeit“ auch die richtige Zeit, sich kritische Gedanken über den Umgang mit allfälligen Beschwerden zu machen. Möchtest du dir Hormone zuführen und so die Möglichkeiten (Chancen evt. auch Gefahren) der modernen Schulmedizin nutzen oder möchtest du deinen Körper auf natürliche Weise unterstützen. Dies ist zu Beginn der mühsamere Weg, bis die richtigen Naturheilmittel in der richtigen Dosis gefunden sind. Am besten bildest du dir mit Literatur und Gesprächen deine Meinung und holst dir Hilfe bei Fachpersonen.

Balance im Sitzen auf dem Softball

Setze dich auf den Softball.
Halte deine Wirbelsäule langgestreckt und versuche die Balance zu finden.
Kannst du die Hände vom Boden weg nehmen und deine Füsse möglichst nahe zueinander legen? Bewege dein Becken und rolle so den Ball etwas umher. Beobachte, wie deine Rumpfmuskeln arbeiten müssen, um dich in der Balance zu halten. Spürst du, wie diese Bewegungen auch gleich deinen Beckenboden massieren? Während du balancierst, streckst du deine Wirbelsäule immer länger aus. Am besten geht dies mit kleinen kreisenden Bewegungen, so dass du grösser und grösser wirst.

Balance im Sitzen auf dem Softball

Tag 41

Tagestipps

- Übe die „Balance im Sitzen auf dem Softball".
- Varianten A, B und C.

Für Fortgeschrittene

- Versuche dir selber das Balancieren im Sitzen zu erschweren: z. B. denke du sitzt in einem Kanu und paddelst über den Nil – hier hat es Krokodile, Stromschnellen, Wellen, ...
- Oder balanciere mit geschlossenen Augen

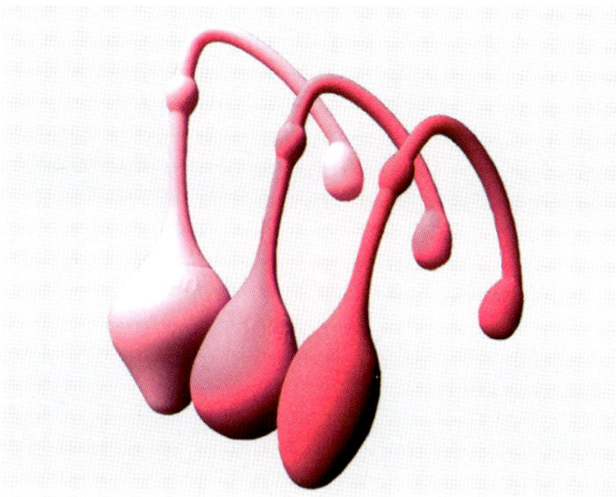

BeBo® med Vaginalkonen
Die Beckenboden-Trainingshilfe
3 Grössen I 3 Gewichte

Sanfte Konen mit grosser Wirkung!
- für einen gesunden, fitten Beckenboden (nach der Schwangerschaft/Geburt, bei einer schwachen Beckenbodenmuskulatur)
- für mehr Sicherheit (kein ungewollter Urin-/Stuhlabgang)
- für eine straffe & geschmeidige Scheide
- für eine schmerzfreie & lustvolle Sexualität

Anwendung
Unbeschwert üben! Die Vaginalkonen sind nebst dem täglichen Beckenboden-Training eine gute und effiziente Ergänzung. Dank der anatomisch angepassten Form, lernen Sie den Beckenboden-Muskel loszulassen, um die Kone einführen zu können. Sie schulen so die Wahrnehmung, stärken Ihr Körperbewusstsein und kräftigen nebenbei Ihre Beckenboden-Muskulatur auf eine spielerische Weise.

Training im Alltag mit den Vaginalkonen
3 Grössen I 3 Gewichte I 3 Übungseinheiten
Dank den 3 Gewichten/3 Grössen können Sie das Training nicht nur mit der Trainingszeit steigern, sondern auch mit den Gewichten. So können Sie Ihre Beckenboden-Muskulatur aufbauen und Ihr individuelles Trainingsprogramm gestalten.

Empfehlung
Übung macht die Meisterin! Üben Sie täglich während den ersten Wochen. Nachher können Sie die Konen 2 – 3 Mal wöchentlich wie Ihr sonstiges Gesundheitstraining anwenden.

Eine ärztliche Abklärung ist empfehlenswert.

Ein paar Gedanken zur Osteoporose

Die Abgabe von Hormonen und die Empfehlung viele Milchprodukte zu sich zu nehmen, wird fast jeder wechseljährigen Frau erteilt, um sie vor Osteoporose (Knochenbrüchigkeit) zu schützen. Ob es Sinn macht oder nicht, darüber ist das letzte Wort noch nicht gesprochen. Sicher gibt es Frauen, die mit Hormonpräparaten richtig behandelt sind. Es lohnt sich Gedanken darüber zu machen, ob es Sinn macht, zuerst 30 Jahre lang die Pille zu nehmen, damit kein echter Zyklus entsteht und dann nochmals solange Hormone, damit keine Wechseljahrbeschwerden auftreten, die Haut glatt bleibt und die Knochen härter werden.

So lässt sich einer Osteoporose vorbeugen:

- Ein Leben lang viel körperliche Bewegung am besten an der frischen Luft.
- Krafttraining, starke Muskeln regen den Knochenaufbau an.
- Training des Gleichgewichts, als Sturzprophylaxe (siehe 36. Tag).
- Vitamin D (mit etwas fetthaltigem zusammen einnehmen) und Kalzium (täglich 1000mg).
- Die Naturheilkunde empfiehlt Silizium anstelle des Kalziums, das heisst; ein Leben lang möglichst viel frisches Gemüse, Salate und Obst essen (siehe auch 38. Tag).
- Schulmedizin: Hormone (Östrogensubstitution während mindestens 7–10 und mehr Jahren).
- Naturheilkunde: Natürliche in Pflanzen vorkommende östrogenähnliche Stoffe einzunehmen. Sogenannte Phytoöstrogene. Diese sind in Sojaprodukten, Leinsamen und anderem enthalten.

Wichtig ist, dass in der Jugend und im Laufe des Lebens eine möglichst hohe Knochendichte erreicht wird. So kann im Alter davon profitiert werden. Auch bei der Osteoporose gilt: Vorbeugen ist besser als heilen.

Richtig husten

Nun kennst du deinen Beckenboden und kannst ihn differenzierter wahrnehmen. Deshalb gehen wir nochmals auf das richtige Husten ein. Siehe dazu auch nochmals den 7. Tag.

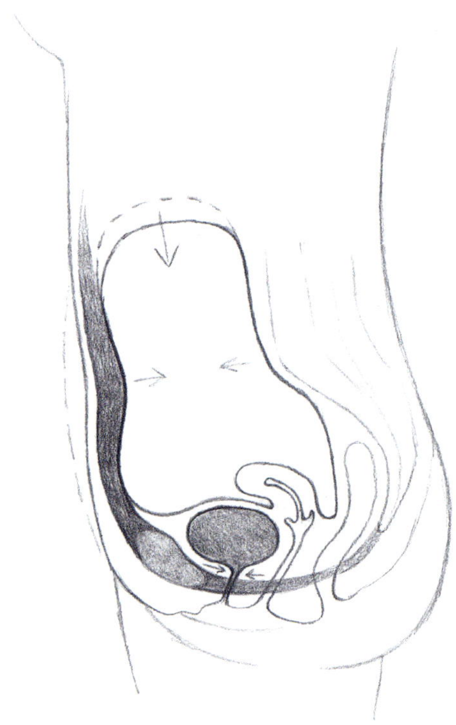

Richtiges Husten – mit jedem Husten oder Niesen sollte der Beckenboden mit aktiviert werden.

Teste, wie sich dein Beckenboden beim Husten verhält

Huste und beobachte dabei deinen Beckenboden. Was passiert? Hast du das Gefühl, dass dein Beckenboden mit jeder Hustenwelle nach unten geht oder kommt er mit jeder Hustenwelle nach oben?
Bleib dabei in deiner Wirbelsäule aufgerichtet.
Wenn dein Beckenboden mit jedem Husten mit angehoben wird, arbeitet er korrekt.

Viele spüren, dass sie ihren Beckenboden hinunter husten, was falsch ist. Meistens kann diese falsche Hustangewohnheit sofort umgekehrt werden. Vielleicht hilft dir dabei folgende Vorstellung:

Mit deinem Rumpf geschieht dasselbe wie mit einer Zahnpastatube. Wenn du eine Tube in der Mitte drückst, geht ein Teil des Inhalts nach oben aber ein anderer Teil geht nach unten. Drückst du eine Zahnpastatube ganz unten, wird die Paste nur nach oben geschoben. Genau so verhält es sich beim Husten. Löse die Hustenwelle ganz unten in deinem Rumpf, von deinem Beckenboden her aus, so geht die gesamte Druckwelle nach oben. Löst du die Hustenwelle in der Mitte deines Rumpfes aus, dann führt dies zu einer Belastung deines Beckenbodens. Auch der Auswurf deines Hustens erfolgt nur mit der halben Kraft.

Zusammenfassend lässt sich sagen:
Beim Husten und Niesen aufrecht bleiben. Die Beine gerade halten (keine X-Beine machen!) und den Beckenboden aktivieren – er soll mithusten.

Blasen und laut rufen

Blase einen Luftballon auf, blase die Flamme einer Kerze aus oder rufe laut einen Namen. Was macht dabei dein Beckenboden? Arbeitet er mit und kommt er etwas in dich hinein? Wenn nicht oder wenn du sogar spürst, dass er sich nach unten bewegt, wie beim Pressen, dann solltest du dem Beckenboden zuliebe versuchen, ihn zu aktivieren und anzuspannen.

Tagestipps

- Teste das Husten, Niesen, Blasen und Rufen. Arbeitet dein Beckenboden dabei richtig mit? Beobachte während dem Husten deinen Beckenboden mit einem Spiegel.
- Varianten A, B und C, vielleicht machst du heute die Übungen auf dem Softball.

Aufgabe für Fortgeschrittene

- Versuche mit jedem Husten stufenweise den Beckenboden hochzuhusten. Hust hust hust – Luft holen – hust hust hust = spannen spannen spannen – etwas lösen – spannen spannen spannen – loslassen.

Wind- und Stuhlinkontinenz

Die verschiedenen Formen der Urininkontinenz haben wir ausführlich beschrieben. Ergänzend möchten wir einige Hinweise zur Stuhlinkontinenz geben. In unseren Kursen erleben wir oft, dass Frauen über ihre Urininkontinenz offen sprechen. Frauen mit Stuhlinkontinenz fällt dies meistens viel schwerer. Stuhl wird von der Gesellschaft, noch mehr als Urin, mit üblen Gerüchen und Abscheu in Verbindung gebracht.

Afterschliessmuskeltest

Beobachte mit einem Spiegel, ob dein Afterschliessmuskel beim Beckenbodenanspannen mitarbeitet. Du solltest ein Zusammenziehen und etwas in den Körper hineinkommen sehen. Hast du Mühe deinen After anzuspannen, dann gib mit zwei Fingern einen Druck auf ihn, vielleicht aktiviert ihn das. Einige können ihren After nur kurz anspannen und verlieren dann sofort wieder die Kraft. Versuche mit regelmässigem Training die Spannungsdauer des Afterschliessmuskels zu verlängern .

Sobald etwas in den Darm eingeführt wird, spannt sich der Afterschliessmuskel reflektorisch an. Das kennst du vielleicht auch vom Zäpfcheneinführen. Teste diesen Reflex, führe dazu deine Fingerkuppe ein und beobachte, ob der Afterschliessmuskel reagiert.

Ist dein After reaktionslos, dann besprich dies mit deiner Ärztin oder deinem Arzt.

Ursachen einer Stuhl-/Windinkontinenz

- Siehe auch die Ursachen einer Belastungsinkontinenz (8. Tag)
- Bei Frauen kann es nach einer Geburt zu Stuhl-/Windinkontinenz kommen, wenn der Afterschliessmuskel verletzt wurde, aber auch durch ein Abschwächen des Beckenbodens und/oder einer Senkung.
- Bei Mann und Frau können auch sexuelle Praktiken mit Penetration des Darmes zu einer Abschwächung des Darmverschlusses führen.
- Bei Menschen mit chronischem Durchfall kann mit der Zeit eine Inkontinenz entstehen.
- Von der Stuhl-/Windinkontinenz sind in zunehmenden Masse auch Männer betroffen. Durch Bewegungsmangel und stundenlanges Sitzen im Büro, kommt es zu Darmträgheit, Verstopfung und Pressen auf der Toilette. Der Beckenboden wird schwach und reaktionslos und der Afterverschluss ist nicht mehr gewährleistet.

„Was kann ich bei einer Stuhl-/Windinkontinenz machen?"

Um die Kraft im hinteren Teil des Beckenbodens, besonders um den After herum, wieder aufzubauen, sollen die bereits beschriebenen Übungen mit Konzentration auf die Anspannung um den After herum durchgeführt werden. Die Liftfahrübung (21. Tag) eignet sich hierfür sehr gut.

Stuhlinkontinenz mit gleichzeitiger Verstopfung kommt auch vor, nämlich dann, wenn das Rectum (unterster Teil des Darms) dauernd mit Stuhl gefüllt ist. Das Rectum füllt sich in der Regel erst kurz vor Stuhldrang. Doch bei einer Senkung des Dickdarmes (Rektozele) oder bei Hämorrhoiden kann es zu einer permanenten Füllung kommen. Dies führt gerne zu einer „Schmierinkontinenz". Hier empfehlen wir, alle Massnahmen gegen eine

Senkung zu unternehmen (siehe 15. Tag) und auf einen regelmässigen Stuhlgang zu achten. Evt. mit Glycerin-Zäpfchen oder Einläufen nachhelfen. **Kein Pressen!**

Die Reaktion des Beckenbodens auf das Sprechen

Beim Sprechen wird unser Zwerchfell angeregt; das überträgt sich auch auf die Wände des Bauchraums und auf die Organe, sowie auf den Beckenboden. Nicht jedes Wort oder jeder Ton bringt die gleich starke Aktivität zustande.

„Töne erreichen den Beckenboden"

Probiere folgende Laute aus und beobachte dabei deinen Beckenboden. Sage laut:

- **ft ft ft …**
- **brrr brrr brrr …**
  Lasse dabei das Zungen-R laut rollen.
- **lick – lack – lock**
  Um die Beckenbodenmuskeln zu stimulieren, solltest du das „CK" explosiv aussprechen*.

Spürst du diese Laute hinunter bis auf deinen Beckenboden? Für einige Frauen sind sie eine gute Hilfe, ihren Beckenboden wahrzunehmen. Vereinfachen kannst du die Wahrnehmung, wenn du in die Knie-Ellbogenlage (mit weitgeöffneten Knien) gehst und die Laute in dieser Position sprichst. Lache und/oder huste dabei auch, meistens ist dies ganz deutlich bis zum Beckenboden spürbar. Beobachte wie dein Beckenboden auf diese Laute reagiert. Spürst du, wie er bei jedem Laut aktiviert wird und etwas in dich hineinkommt? Oder spürst du, wie er jedes Mal etwas hinuntergeschoben wird? Wenn du ein Hinausschieben oder ein Hinuntergehen spürst, dann versuche dies umzukehren.
Dein Beckenboden soll aktiv mitmachen und sich nicht passiv nach unten schieben lassen.
Das war schon gestern unser Thema. Wir haben dasselbe beim Husten beobachtet.

* Therapeutische Übung aus dem Tanzberger-Konzept

Tagestipps

- Probier die Laute lick lack lock, ft ft ft und brrr brrr aus. Spüre, wie dabei dein Beckenboden aktiviert wird.
- Varianten A, B und C – vielleicht in der Knie-Ellbogenlage?

Wahrnehmung für Fortgeschrittene

- Sprich mal ein Brrrrrrrr möglichst lange mit tiefer Stimme. Beobachte wie das Kribbeln davon nicht nur in deinem Mund und Bauch wahrnehmbar ist, sondern bis zu deinem Beckenboden. Am einfachsten ist auch diese Übung in der Knie-Ellbogenlage.

Therapie mit Elektrostimulation und/oder Biofeedback

Vielleicht hast du schon von Biofeedback und Elektrostimulation gehört. Das sind zwei Methoden, die in der Therapie des Beckenbodens Verwendung finden. Meistens sind es Physiotherapeutinnen mit einer Zusatzausbildung, welche sie durchführen. Diese Therapieformen sind zu empfehlen, wenn die Frau keine, eine gestörte oder minimale Wahrnehmung ihrer Beckenbodenmuskeln hat, und zur Beruhigung der Blase bei Dranginkontinenz.

Elektrostimulation

Dabei wird die Muskulatur des Beckenbodens über eine Sonde, die in der Vagina liegt, stimuliert, bis sie mit einer Kontraktion reagiert. Durch die regelmässige Wiederholung dieser Kontraktionen werden die Beckenbodenmuskeln mit der Zeit kräftiger und die Wahrnehmung verbessert, so dass die Frau das eigentliche Beckenbodentraining aufnehmen kann. Unterlässt sie das nach der Therapie, wird die erreichte Kraft bald wieder abgebaut sein. Es ist auch von enormer Bedeutung, dass die Frau bereits während der Therapie die wichtigsten Verhaltensweisen kennt, nämlich: kein Pressen, richtig bücken, gute Haltung etc. Häufig kann die Frau nach einer Instruktion ein kleines Elektrostimulationsgerät mit nach Hause nehmen und die Therapie selbständig weiterführen.
Die Elektrostimulation kann auch über den Darm ausgeführt werden.

Biofeedback

Unter Biofeedback versteht man die Rückmeldung für das An- und Entspannen der Beckenbodenmuskulatur. Die Rückmeldung wird in der Regel über eine Anzeige sichtbar gemacht. Besonders am Anfang des Trainings aber auch als Zwischenkontrolle ist es wichtig, sicherzustellen, dass du wirklich den Beckenboden trainierst.

Die einfachste Anspannungskontrolle ist der Test mit dem Finger in der Vagina. Wenn du die Anspannung und das Loslassen spürst, dann machst du es richtig (siehe 6. Tag).

Es gibt auch Biofeedbackgeräte, die über elektrische Sensoren sehr detailliert prüfen können, welche Muskeln wie lange und wie stark angespannt wurden. Diese Geräte können oftmals auch zur Elektrostimulation verwendet werden. In Kombination mit Computersystemen können Trainingskontrollen über einen längeren Zeitraum aufgezeichnet und ausgewertet werden.

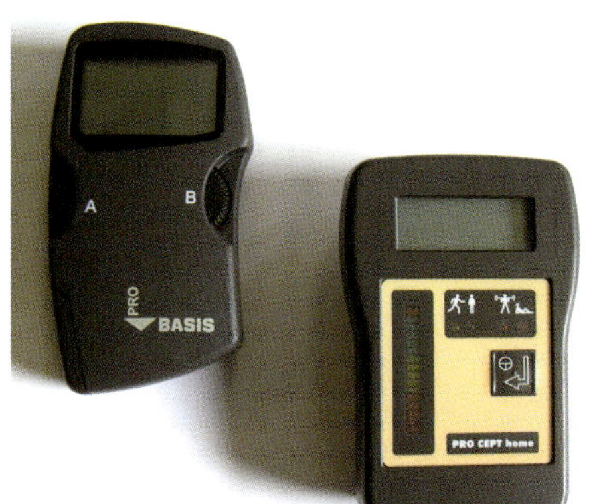

Elektrostimulations- und Biofeedbackgerät

Eine sehr kostengünstige und sinnvolle Alternative ist das Beckenbodentraining mit einem Biofeedback-Gerät (siehe Abbildung). Neu gibt es von einem innovativen Anbieter (siehe Adressen im Anhang) weiche Sonden, die in die Scheide eingeführt werden und sich der jeweiligen Anatomie anpassen. Das Anspannen und Entspannen der Beckenbodenmuskeln wird über die Sonde an das Gerät weitergeleitet und durch eine sich verändernde Lichtleiste am Gerät sichtbar gemacht. So kannst du sehen, ob du das Training richtig ausführst und den Trainingsfortschritt selbst beobachten.

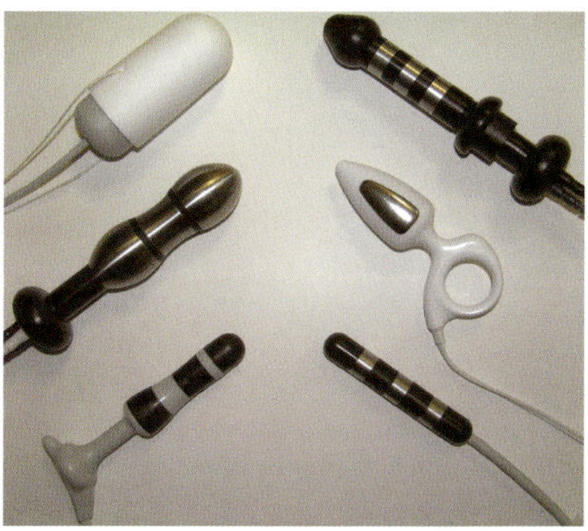

Elektroden zur Stimulation und Biofeedback (links vaginal, rechts anal)

Die „Bandoperation"

In der Fachsprache wird sie als TVT Operation (Tension-free Vaginal Tape) bezeichnet. Diese Operationstechnik wird mittlerweile in vielen Spitälern angewendet und regelmässig durchgeführt. Da die Kursteilnehmerinnen uns oft auf diese Operationstechnik ansprechen, zeigen wir kurz auf, worum es dabei geht.

Bei dieser Operation wird in Lokalanästhesie ein Kunststoffband so um die Harnröhre gelegt, dass dieses bei Druckveränderungen im Bauchraum (husten, hüpfen, etc.) die Harnröhre stützt und ihr dadurch hilft, dicht zu bleiben. Das Band wird nicht angenäht, es verwächst sich mit der Zeit mit dem Gewebe. Die Operation ist nur bei der Belastungsinkontinenz geeignet.

Viele sind sehr begeistert von dieser Operationsart. Kritische Stimmen gibt es auch, die sagen: zu wenig Langzeiterfahrung, das Band könnte wandern, Blasenverletzungen beim Einlegen des Bandes, nach der Operation Schwierigkeiten beim Wasserlösen, Unverträglichkeit des Bandmaterials. Tatsache ist, dass heute etliche Studien vorliegen, die den Erfolg dieser Operation belegen. In den letzten Jahren beginnt sich auch eine Variante des TVT-Bandes zu verbreiten, diese Technik nennt man TOT. Das Band wird bei dieser Technik durch das sogenannte Foramen obturatum unter die Scheide eingeführt, deshalb spricht man vom Trans-Obturatorischen Tape (Band).

Diese Operationen sind für gewisse Frauen eine gute Lösung ihres Problems. Aber auch hier sollte zuerst mit einem Beckenbodentraining und anderen konservativen Massnahmen therapiert und dann erst operiert werden. Bei den vielen Therapiemöglichkeiten ist vor einer Operation eine sorgfältige Abklärung und Beratung durch einen Spezialisten zu empfehlen.

Die Frau muss über beckenbodenbelastende Situationen im Alltag aufgeklärt werden. Das Beckenbodentraining muss selbstverständlich nach dem Eingriff weitergeführt werden, sonst ist der Erfolg nicht von langer Dauer.

Richtig bücken auf dem Sitzballkissen

Wie bereits mehrmals erwähnt, ist das richtige Bücken im Alltag von grosser Bedeutung für den Schutz des Beckenbodens. Repetiere dies, die Anleitung findest du beim 26. Tag.

Kürzlich war auch die Wichtigkeit der Körperbalance unser Thema (36. Tag). Heute möchten wir beides miteinander verbinden.

Stehe dafür auf das Sitzballkissen. Balanciere und beginne dann, dich richtig zu bücken – ja gehe in die Knie und strecke dabei dein Gesäss hinten hinaus. Achte auf deine Wirbelsäule, diese ist schön in die Länge gezogen. Komme so, je nach Trainingszustand 5- bis 30-mal hoch und tief. Denke dabei an deinen Beckenboden. Spanne ihn bewusst an, besonders beim Hochkommen, und wenn möglich auch schon beim Hinuntergehen. Dies hilft dir die Balance zu halten.

Hast du kein Sitzballkissen, oder ist es dir noch zu wackelig, dann versuche es auf einer zusammengefalteten Wolldecke.

Tagestipps

- Bücken auf dem Sitzballkissen.
- Varianten A, B und C.

Herausforderung für Fortgeschrittene

- Um die Balance zu erschweren: Bewege beim Bücken auf dem Sitzballkissen den Kopf abwechslungsweise von links nach rechts und/oder schliesse die Augen.

Richtig bücken auf dem Sitzballkissen

Hilfsmittel bei Inkontinenz und Senkung

Binden, Windeln, Inkontinenz-Unterwäsche

Bei Inkontinenz ist es wichtig, die richtigen Hilfsmittel zu verwenden. Es gibt bereits sehr kleine und dünne Einlagen, insbesondere für die leichte Blasenschwäche, die durch ihren speziellen Saugkern optimal kleinste Mengen von Urintröpfchen auffangen. Diese Einlagen sind von der Grösse her vergleichbar mit herkömmlichen Slipeinlagen und Damenbinden, aber speziell dafür gemacht Urin aufzunehmen und zu binden. Auch für grössere Mengen gibt es eine breite Auswahl an Inkontinenz Produkten wie Windeln, Einlagen oder Inkontinenz-Unterwäsche. Diese binden die Flüssigkeit optimal, ohne dass Gerüche entstehen. Inkontinenzhilfen sollen die Haut trocken lassen, sonst besteht die Gefahr des Wundwerdens. Eine gute Beratung im Fachgeschäft ist wichtig. Oder die Frau verlangt bei der Firma ein Probierset, was in der Regel grosszügig und kostenlos abgegeben wird. (Siehe im Anhang bei den Adressen.)

Aktivschutz

Ein neues, modernes Hilfsmittel ist der Tampon. Es gibt verschiedene Modelle. Der Tampon wird in die Scheide eingelegt. Er hat keine aufsaugende Funktion, sondern er stützt die Gebärmutter und hilft beim Verschlussdruck auf die Harnröhre. Der Tampon muss beim Toilettengang nicht entfernt werden. Zur Verhinderung ungewollten Stuhlverlustes gibt es Anal-Tampons. Diese bewirken einen Verschluss des Enddarmes (Adressen im Anhang).

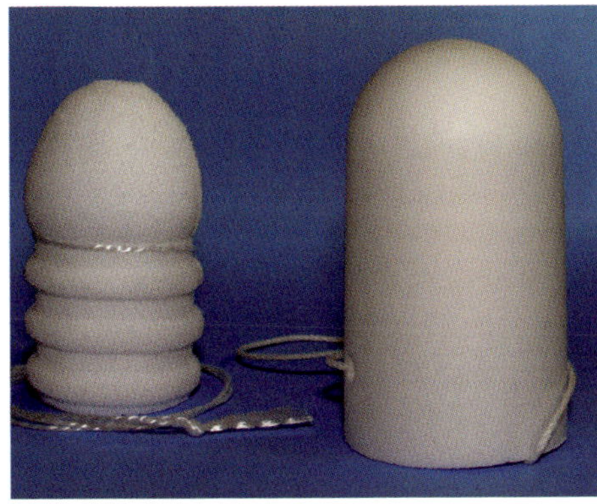

Tampon anal und vaginal

Tampon vaginal

Pessar

Dieses Hilfsmittel kann bei Inkontinenz, Reizblase, Senkung oder Blasenentleerungsstörungen angewendet werden. Es gibt verschiedene Typen von Pessaren wie Würfelpessare, Ringpessare usw.. Das Pessar wird in die Vagina eingelegt. Die einen stoppen das nach unten Rutschen der Gebärmutter, andere geben über die Vaginalwand einen Druck auf die Harnröhre und helfen so, diese zu verschliessen. Einige Frauen verwenden die Pessare nur bei sportlicher Aktivität – wie Aerobic, Tennis – andere verwenden sie den ganzen Tag. Das Pessar sollte von

einer Fachperson ausgewählt und angepasst werden. Nach einer guten Instruktion kann die Frau das Pessar selber einlegen, entfernen und reinigen. Zum Einführen wird eine Gleitcreme (zum Teil östrogenhaltig) verwendet.
Die Pessarbehandlung wird solange durchgeführt, bis die Beschwerden behoben sind oder das Gewebe soweit vorbereitet ist, dass eine operative Behandlung möglichst erfolgreich durchgeführt werden kann.

Würfel- und Ringpessar

Gesicht und Beckenboden

Gesicht und Beckenboden – so weit entfernt und doch eng verwandt miteinander. Unser Gesicht, insbesondere der Mund, ist der Anfang und der After das Ende unseres „Verdauungs-Schlauches". So sind also Gesicht und Beckenboden in direkter Verbindung miteinander.

Grimassenschneiden

Schneide mit deinem Gesicht ein paar wilde Grimassen. Beobachte dabei deinen Beckenboden. Spürst du, dass er von sich aus mitmachen möchte, dass du ihn fast nicht mehr ruhig halten kannst?

Versuche alle Grimassen, die du mit dem Gesicht machst auch mit deinem Beckenboden nachzumachen. Er kann das gut – nur mit dem Zungenrausstrecken hat er etwas Mühe.

Entspanne dein Gesicht. Lass alles ganz weich werden und arbeite nun kraftvoll mit deinem Beckenboden. Beobachte, ob du dabei dein Gesicht ganz entspannt lassen kannst. Meistens machen die Gesichtsmuskeln automatisch etwas mit.

Tagestipps

- Spiele heute mit dem Zusammenhang Gesicht und Beckenboden. Schneide immer mal wieder ein paar Grimmassen, sei es mit dem Beckenboden oder mit dem Gesicht.
- Varianten A, B und C.

Wahrnehmungsübung für Fortgeschrittene

- Wechsle deinen Gesichtsausdruck zwischen ganz lieb (als würdest du z. B. ein Baby betrachten) und ganz grimmig mit steiler Stirnfalte (als würdest du eine überrissene Rechnung studieren). Während du deinen Gesichtsausdruck wechselst, beobachtest du, wie dein Beckenboden darauf reagiert. Spürst du beim grimmigen Gesichtsausdruck die Beckenbodenaktivität und beim liebevollen die Beckenbodenentspannung?

Die Wahl des Arztes, der Ärztin

Wir Frauen gehen alle ein bis zwei Jahre zum Frauenarzt/ärztin, was zur Prävention sehr wichtig und empfehlenswert ist. So könnten wir meinen, dass der Frauenarzt/ärztin für viele Frauen die medizinische Bezugsperson oder Vertrauensperson ist. Uns erstaunt es, dass von sieben Frauen nur gerade eine ihrem Arzt/Ärztin von sich aus mitteilt, dass sie an Inkontinenz leidet. Die anderen Frauen müssen von ihrem Arzt/Ärztin darauf angesprochen werden, damit sie zu ihrer Inkontinenz stehen. Dies zeigt, dass die Frauen Hemmungen haben, von ihrer Inkontinenz zu sprechen, und dass es mit dem Vertrauen zum Arzt/ Ärztin nicht allzu weit her sein kann.

Im Kurs fragen Frauen immer wieder „kannst du mir einen guten Arzt/Ärztin empfehlen?"
Was macht einen guten Arzt/Ärztin aus? Für uns sind es folgende Attribute: Kann Vertrauensverhältnis aufbauen, nimmt sich Zeit, hört zu, nimmt die Frau ernst, ist ein gleichwertiger Partner/in, zeigt verschiedene Therapiewege auf und erklärt Nutzen und Risiken.

Für einige Frauen ist es sehr wichtig, dass es eine Frauenärztin ist. Als Vorteile werden genannt, weil gerne mit einer Frau über allfällige Beschwerden gesprochen wird, welche selbst auch schon die gleichen Probleme hatte oder sich diese vorstellen kann. Wir denken, ob Mann oder Frau, das Zwischenmenschliche muss stimmen. Stimmt dies nicht, dann wechsle den Arzt/ Ärztin.

Medizinische Abklärung

Wenn eine Frau ihrer Ärztin/Arzt eine Inkontinenz schildert wird diese/r einige Fragen stellen, um die Art der Inkontinenz (Belastungsinkontinenz, Dranginkontinenz, gemischte Form oder andere) festzustellen. Wenn die Frau bereits einen Miktionskalender mitbringt (siehe 30. und 35. Tag), ist das optimal.

Bei der Abklärung wird die Frau während der Untersuchung aufgefordert zu pressen und zu husten. Die beste Untersuchungsposition, um eine leichte Senkung zu diagnostizieren, wäre im Stehen. So wirkt auch die Schwerkraft auf die Organe. In der gynäkologischen Position verlagern sich diese häufig wieder an ihren ursprünglichen Ort zurück, und eine leichte Senkung wird nicht erkannt.

Mittels eines Vaginalabstrichs und einer Urinuntersuchung wird ausgeschlossen, dass eine Infektion oder ein Pilzbefall vorliegt. Eine Ultraschalluntersuchung zeigt unter anderem auf, wie die Organe liegen, wie der Beckenboden arbeitet, und sie kann auch allfällige Tumore aufzeigen.

Eigentlich gibt es für jede Körperöffnung einen eigenen Facharzt. Den Urologen/in für die Harnröhre, Blase und Nieren, den Gynäkologen/in für den unteren Harntrakt, die Vagina, Gebärmutter und Eierstöcke, den Proktologen/in, Enterologen/in und Gastroenterologen/in für den After, Darm und Magen. Meistens geht die Frau zum Frauenarzt/ärztin (Gynäkologen/in), wenn im Unterleib etwas nicht mehr in Ordnung ist. Seit einigen Jahren gibt es den Urogynäkologen/in, welcher nun die Bereiche des Urologen und Gynäkologen zusammenbringt. Wichtig ist, dass die verschiedenen Fachärzte gut miteinander zusammenarbeiten und im richtigen Moment die Patientin überweisen. Je nach Situation empfiehlt es sich, vor einem operativen Eingriff oder wenn eine Therapie keine Fortschritte zeigt, eine Zweitmeinung beim entsprechenden Facharzt einzuholen.

Bei Blasenproblemen wird oft eine urodynamische Abklärung durchgeführt. Diese wird entweder in einer gynäkologischen oder einer urologischen Praxis durchgeführt. Dabei wird die Funktionsweise der Blase getestet. Die Blase wird mit einem Katheter mit Flüssigkeit gefüllt und ihr Fassungsvermögen, sowie der Druck in der Blase und in der Harnröhre gemessen. Beim Wasserlösen kann noch getestet werden, wie die Blase arbeitet und wieviel Restharn in der Blase verbleibt.

Eine Spiegelung der Blase und Harnröhre (Zystoskopie) gibt Aufschluss über Blasensteine, Entzündungen und Tumore.

Nach (oder evt. anstelle) einer schulmedizinischen Abklärung kann auch eine Abklärung bei einem Naturheilarzt, Homöopathen oder viszeralen Osteopathen in Betracht gezogen werden.

„Ping Pong"

Stelle dir einen Ping Pong Ball vor, der auf deinem Beckenboden liegt. Du kannst ihn gedanklich in deinem Bauchraum hochspicken lassen, indem du deinen Beckenboden schnell und zackig dort anspannst, wo der Ping Pong Ball liegt. Dieser Ping Pong Ball landet aber kurz darauf wieder auf deinem Beckenboden und du gibst ihm sofort wieder einen Schubs nach oben. Er landet auf unterschiedlichsten Beckenbodenstellen, mal vorne bei der Harnröhre, mal ganz hinten seitlich … und so weiter. Wenn du dazu noch laut „Ping Pong" sagst, hilft es dir, deinen Beckenboden zu aktivieren.

Tagestipps

- Spiele heute 4-mal während 30 Sekunden „Ping-Pong"
- Varianten A, B und C

Herausforderung für Fortgeschrittene

- Kannst du das Ping-Pong Spiel auch auf eine Minute ausdehnen?

Momente der Ruhe

„Ich habe keine Zeit, ich bin im Stress, ich hatte einen hektischen Tag ...“

Viele Beschwerden und Krankheiten stehen mit Stress in Verbindung. Es gibt positiven und negativen Stress. Sobald du dich gejagt fühlst (wie eine Maus vor der Katze), dann handelt es sich um negativen Stress. Solange du noch alles sicher im Griff hast, über klare Sicht verfügst und sich der Stress mit Entspannungsmomenten abwechselt, dann handelt es sich um einen positiven Spannungszustand (so wie die Katze auf der Mäusejagd). Wenn ich von Stress spreche, dann meine ich die negative Form.

Stress und psychischer Druck wirken sich gerne auf die Blase aus, sie kann mit gesteigertem Harndrang reagieren. Psychischer Druck ist auch Druck auf die Blase.

Genügend Schlaf und tägliche Momente der Ruhe sind wichtige Pfeiler zur Erhaltung der Gesundheit. Momente der Ruhe sollen bewusst geplant und eingehalten werden.
Sich nach einem hektischen Tag vor den Fernseher zu setzen, ist damit nicht gemeint. Diese Form der Entspannung bringt unserer Gesundheit wenig. Das Hirn muss all die Fernsehbilder und Informationen filtern und richtig ablegen – eine Höchstleistung! Zudem werden über den Fernseher verschiedenste Emotionen vermittelt, welche unsere Psyche auch in kürzester Zeit aussortieren muss (Romanze im Liebesfilm, Katastrophen und Kriege in der Tagesschau, Beziehungskonflikte in der Soap-Oper ...).

Unter Momente der Ruhe verstehen wir, verschiedene Entspannungstechniken wie Autogenes Training, Meditation, eine Atemreise (siehe 17. Tag), ein Spaziergang mit kontrollierten Gedanken (z.B. mit Achtsamkeit auf die Natur oder den eigenen Körper) oder die Meereswellenübung und Entspannung zu zweit, welche wir später beschreiben.

Gerade für uns Frauen sind diese Momente der Ruhe von enormer Bedeutung. Wir sind feinfühlig, intuitiv, offen, durchlässig und unsere Grundstimmung ist zyklisch unterschiedlich. Die Ruhe hilft uns Klarheit zu gewinnen, zu spüren und zu erkennen, was für uns richtig und wichtig ist. Mit diesen Einsichten können wir auch klar Nein oder Ja sagen. Nein sagen fällt oft schwer. Viele Frauen haben Angst, wenn sie Nein sagen, nicht mehr geliebt zu werden. Doch meistens sind es gerade die Frauen, welche deutlich Nein sagen, die wir bewundern und achten.

Viele sehnen sich nach Ruhe, nach Entspannung und Gelassenheit. Ruhe, kommt nicht von selbst. Sie muss geplant werden. Immer mehr Menschen richten sich ihre Ruheinseln im Alltag ein. Sogar in Flughäfen, Grossfirmen, auf Messegelände, etc. wird ein Raum der Stille eingerichtet.

Zu diesem Thema ein Gedicht vom bekannten indischen Dramatiker Kalidasa. Vielleicht hilft es dir Ruhe und Gelassenheit zu finden und aufmerksam zu sein.

Tag 47

„Meereswellen"

Schenke dir mit dieser Übung einen Moment der Ruhe.

Richte deine Aufmerksamkeit auf deinen Atem. Stelle dir vor, die Atemwellen seien Meereswellen. Diese fliessen in deinen Körper ein und aus, so als wäre dein Körper eine Meeresbucht. Der einströmende Atem ist die einfliessende Meereswelle und der ausströmende Atem die hinausfliessende Meereswelle.

Vielleicht ist der Beckenboden der Sandstrand deiner Meeresbucht. Vielleicht kannst du die Meereswellen sogar bis zum Sandstrand wahrnehmen.

Diese Übung ist am schönsten in entspannter Bauchlage mit geschlossenen Augen. Du kannst sie auch in allen anderen Positionen ausführen.

Entspannen zu zweit

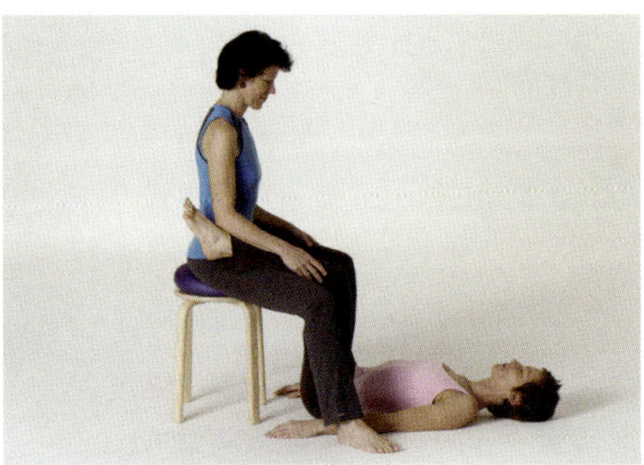

Entspannung zu zweit

Nimm dir für diese Übung pro Person zirka zehn Minuten Zeit. Eine Person setzt sich auf einen Stuhl mit Sitzballkissen oder auf einen grossen Gymnastikball. Die andere Person liegt auf den Rücken und so nahe, dass sie ihre Beine bequem auf die Beine der Sitzenden legen kann. Die Sitzende hält mit ihren Händen die Beine der Liegenden, so dass diese die Beine entspannen kann. Die Sitzende beginnt nun ihr Becken so zu bewegen, dass die Bewegungen über die Beine auf die Liegende weiterlaufen. Für die Sitzende ist diese Übung schön lockernd im ganzen Becken- und Lendenbereich. Doch den Hauptgenuss hat die Liegende. Durch die feinen Bewegungen wird ihr Becken und ihr Rücken gelöst und entspannt. Nach zirka zehn Minuten den Platz tauschen. Während der Übung, ohne zu sprechen mit geschlossenen Augen (evt. mit passender Musik), die Aufmerksamkeit auf die Bewegung, das Bewegt-werden und den Atem lenken. Die Liegende entspannt ihren Körper, insbesondere Gesicht und Kiefer.

Probiere diese Übung mit deiner Freundin oder deinem Partner aus.

Tag 47

Sieh diesen Tag,
er ist das Leben, ja das Leben selbst
in seinem kurzen Lauf
liegt alle Wahrheit, alles Wesen deines Seins,
die Seligkeit zu wachsen,
die Freude zu handeln,
die Pracht der Schönheit,
denn gestern ist nur noch ein Traum,
und morgen nur ein Bild der Phantasie,
doch heute, richtig gelebt, verwandelt jedes Gestern
in einen glückseligen Traum
und jedes morgen in ein Bild der Hoffnung.
So sieh denn diesen Tag genau!

Kalidasa

Tagestipps

- Finde einen Moment der Ruhe für die Meereswellenübung und/oder die Entspannungsübung zu zweit.
- Überlege dir, ob du genügend Schlaf, Ruhe und Entspannung hast, und ob du gewisse Stressfaktoren abbauen kannst.
- Varianten A, B und C.

Fortgeschrittene

- Geniesse auch eine Entspannung.

Wissen an junge Frauen weitergeben

Eigentlich sollten sich Frauen präventiv mit ihrem Beckenboden auseinandersetzen und nicht warten bis sie Beschwerden haben. Die Wahrscheinlichkeit, eines Tages Beckenbodenbeschwerden zu bekommen ist gross. Acht von zehn Frauen sind irgendwann in ihrem Leben davon betroffen.

Das Wichtigste ist die Prävention. Schon Mädchen und junge Frauen sollten von ihrer Umgebung auf die Wichtigkeit des Beckenbodens aufmerksam gemacht werden. In diesem Sinne möchten wir alle Mütter, Grossmütter, Patinnen, Lehrerinnen, Therapeutinnen und Gesundheitstrainerinnen, die mit jungen Frauen in Kontakt sind bitten, dieses Thema in Gesprächen einfliessen zu lassen.

Unser Wissen über den Beckenboden weiterzugeben, ist eine wichtige Aufgabe und unsere Verantwortung. Sie gehört in die Aufklärungs-Erziehung jedes Mädchens. Bei Gesprächen über die Menstruation und Verhütung kann ebenso gut dieses Thema angegangen werden. Speziell sollte weitergegeben werden, dass Rückenstabilisierung und Haltung mit dem Beckenboden beginnt, dass unsere ganze Erscheinungsweise, Figur, Ausstrahlung, ja sogar unsere Erotik/Sexualität und unser Selbstbewusstsein mit dem Beckenboden zusammenhängt.

Bitte reduziere die Wichtigkeit eines Beckenbodentrainings nicht nur auf das Verhindern einer Inkontinenz, das allein reizt Mädchen und junge Frauen sicher nicht, sich mit ihrem Beckenboden auseinander zu setzen. Verstopfung, häufige Blasenentzündungen, schlechte Haltung und Rückenleiden könnten Ansatzpunkte sein, ihr Interesse zu wecken.

Mädchen mit schwachem Bindegewebe sollten keine Sportarten wählen, wo sie mehrmals wöchentlich Erschütterungen (Jogging, Trampolin ...) ausgesetzt sind. Gerade bei jungen Frauen mit Bindegewebeschwäche konnten schon Ende der Pubertät beginnende Senkungen festgestellt werden. Auch Berufsausbildungen mit grossen körperlichen Belastungen sind diesen Mädchen nicht zu empfehlen.

Mit diesem Buch, den BeBo® Kursen und BeBo® Ausbildungen hoffen wir vom BeBo® Team einen aktiven Beitrag zu leisten, damit in Zukunft immer weniger Frauen Beckenbodenbeschwerden erleiden müssen. Doch unsere Hoffnung wird nur dann in Erfüllung gehen, wenn alle dieses Wissen mutig und offen anderen Frauen weitergeben, und wir uns selber als so wichtig und wertvoll erachten, die Übungen und Schutzmassnahmen regelmässig durchzuführen.

„Beine wechseln die Seite"

Diese Übung dehnt und kräftigt deine seitlichen Rumpfmuskeln und du kannst deinen Beckenboden gleich mitkräftigen. Turne sie im Bett oder auf dem Boden.

Bei dieser Übung liegst du mit aufgestellten Beinen in Rückenlage. Lege nun beide Beine miteinander langsam auf die selbe Seite ab, dabei spannst du den Beckenboden an. Hebe dann wieder mit Beckenbodenspannung beide Beine miteinander vom Boden ab und gehe

zurück in die Ausgangsposition. Dann dasselbe auf der anderen Seite. Versuche dabei deine Schulterblätter auf dem Boden aufliegen zu lassen.
Bleibe bei der ersten Durchführung auf beiden Seiten mit den abgelegten Beinen jeweils 15 Sekunden liegen und geniesse die Dehnung in deinem Rumpf. Du kannst sie verstärken, indem du deine Arme auf Schulterhöhe ausstreckst, den Kopf zur Gegenseite drehst und tief ein- und ausatmest.
Wechsle dann mit beiden Beinen in einer fliessenden Bewegung von Seite zu Seite (ohne Schwung), dein Beckenboden soll dir die ganze Zeit helfen, er stabilisiert gleichzeitig deine Wirbelsäule.

„Beine wechseln die Seite"

Fortgeschrittene heben die Füsse weg vom Boden und ziehen die Knie zur Brust und legen so die Beine wechselweise links und rechts ab.

„Beine wechseln die Seite" für Fortgeschrittene

Tagestipps

- Vielleicht machst du dir Gedanken, wie du dein Beckenbodenwissen anderen Frauen weitergeben kannst.
- Führe die „Beine wechseln die Seite"-Übung aus. Turne diese 10- bis 30-mal, je nach Trainingszustand.
- Varianten A, B und C.

Übung für Fortgeschrittene

- Nimm deine Beine weg vom Boden. Ziehe deine Knie Richtung Brust und mache so die Übung „Beine wechseln die Seite".

Wer nicht an sich arbeitet, an dem arbeitet das Leben. (Winston Churchill)

Wie soll's weitergehen?

Wir freuen uns, dass du heute beim 49. Tag und somit am Ende der Entdeckungsreise zur weiblichen Mitte angekommen bist. Wir sind neugierig, wie es dir nach dieser Reise geht und wie du deine Reise erlebt hast. Über deinen Reisebericht würden wir uns sehr freuen. Besuche die BeBo® Homepage www.becken-boden.com und hinterlasse deine Eindrücke oder schreibe ein paar Zeilen ans BeBo® Sekretariat.

Egal aus welchem Grund du dieses Buch gelesen hast, du wirst dich immer wieder an die Inhalte erinnern, die für dich zur Zeit wichtig waren. Wenn du dieses Buch in ein paar Monaten oder Jahren wieder liest, werden für dich wieder andere Themen und Schwerpunkte wichtig sein.

Abschlussfrage

Wenn du die Reise ohne grosse Unterbrüche und mit dem jeweiligen Ausprobieren der Tagestipps erleben konntest, dann hat sich sicher einiges verändert. Nun stellt sich die Frage:

Bist du mit dem erreichten Ziel der Entdeckungsreise, also mit der Arbeitsweise deines Beckenbodens zufrieden?

Ja, ich bin mit der Arbeitsweise meines Beckenbodens zufrieden.
Herzliche Gratulation! Wir wünschen dir, dass dieser Erfolg dich dein Leben lang begleitet.

Dies erreichst du, indem du alle Massnahmen zum Schutz deines Beckenbodens beachtest. Weiter möchten wir dir ans Herz legen, dich zu bewegen. Besuche einmal besser zweimal in der Woche ein Ganzkörpertraining. Dabei kannst du auch gleich dein Beckenbodentraining integrieren. Das Training soll Spass machen. Nur so wirst du es regelmässig mitmachen.

Nein, ich bin mit der Arbeitsweise meines Beckenbodens noch nicht zufrieden.
Wenn du unsicher bist, ob du die Beckenbodenspannungen richtig durchführst, wenn du deinen Beckenboden nicht wahrnimmst oder mit den Übungen Beschwerden bekommst, dann lass dich von einer Fachperson beraten. Sollten deine Beschwerden nicht medizinisch abgeklärt sein, dann möchten wir dir nochmals nahe legen, es nachzuholen.

49 Tage sind eine kurze Zeit, um bereits Erfolg zu verzeichnen. Gib dir mehr Zeit und sei geduldig. Verliere nicht den Mut. Beginne nochmals mit dem ersten Tag und gehe Schritt für Schritt vorwärts. Diesmal kannst du auch die Übungen für Fortgeschrittene ausprobieren.

Gerne würden wir dich auch an einem unserer BeBo® Kurse begrüssen, damit wir dich in deinem Training unterstützen, kontrollieren und motivieren können.

Literaturverzeichnis

Bücheli, P., Dietz, U., Dreher, E., Fink, S., Gerber, R., Luginbühl H., Physiotherapie bei Harninkontinenz, Frauenspital Bern, 1996

Brügger, Alois, Gesunde Haltung und Bewegung im Alltag, Brügger Verlag 1996

Caufriez Marcel, Gymnastique Abdominale Hypopressive, Bruxelles 1997

Christinger, Doris, Auf den Schwingen weiblicher Sexualität, Pendo, 2000

Eberhard, J., Harnverlust und Blasenbeschwerden der Frau, Frauenklinik Frauenfeld, 1999

Gotved, Helle, Erfolgreiche Hilfen gegen Harininkontinenz, Trias Verlag

Gray, Miranda: Roter Mond, Ganzheitlich Heilen 1999

Grosse, D., Jurascheck F. Perineale Rehabilitation, Bethesda Spital Basel, 1998

Höfler, Heike, Beckenbodengymnastik für Sie und Ihn, BLV 1999

Kitchenham-Pec, Susanne, u. Annette Bopp, Beckenbodentraining, Trias Verlag

Konsumentinnenforum Schweiz, Wechseljahre, Prüf mit Ratgeber

Otto, Petra, Das sanfte Beckenbodentraining, rororo

Schindele, Eva: Pfusch an der Frau, Fischer Taschenbuchverlag, 1997

Tanzberger, R., Physiotherapie bei Beckenboden/Sphinkterinsuffizienz, gynäkol. prax. 23,Hans Marsaille Verlag 1999

Tanzberger, R., Beckenboden-/ Sphinktertraining bei Dysfunktionen, Zeitschrift für Physiotherapeuten. R. Plaum Verlag 7/118. S.1174-1180

Tanzberger, R., u. Orthofer-Tihanyi, A., Faltblatt Wochenbettgymnastik, Faltblatt Rückbildungsgymnastik, Selbstverlag Orthofer-Tihanyi,A., Unterschleissheim

Tanzberger, R., Pers.Mitteilung, Fachfortbildung Dresden 2000, Basiskurs Physiotherapie bei Beckenboden-Sphinkterdysfuntion.

Versprille-Fischer, E.S, Inkontinenz und Beckenbodendysfunktion, Ullstein Mosby, 1995

Vollmer, Helga, Hormone, Überreuter 1998

Wolfram, Katharina, Mit dem Drachen tanzen, Knauer, 1998

Portrait, Dr. med. Christian Larsen Spiraldynamik: Zeitschrift für Kunst und Wissenschaft menschlicher Bewegungskoordination

Eric Franklin, Locker sein macht stark, Kösel Verlag ISBN 3-466-34386-0

BeBo® Materialien

Zu beziehen im BeBo® Büro Schweiz, Deutschland oder Österreich

BeBo® Softball

Trainingshilfsmittel, aufblasbarer, weicher Ball, Durchmesser ca. 25 cm

Miniball

Trainingshilfsmittel, kleiner, weicher Kunststoff-Ball, Durchmesser ca. 8 cm

Dynair Ballkissen Senso Togu, diverse Grössen

Luftgefülltes Kissen als Hilfe für dynamisches Sitzen und für Übungen

Sitzkeil

Schaumstoffkeil mit Stoffbezug für Entlastungs-Übungen

BeBo® med Vaginalkonen

3 Gewichte / 3 Grössen

- Für einen gesunden, fitten Beckenboden
- Für mehr Sicherheit - kein ungewollter Urin/Stuhlabgang
- Für eine straffe, geschmeidige und empfindsame Scheide
- Für eine schmerzfreie und lustvolle Sexualität

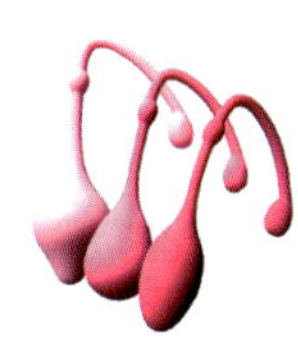

Ladycup® die modernste Monatshygiene

- ersetzt Tampon und Binden
- trocknet die Scheidenflora nicht mehr aus
- reduziert Pilz- und Vaginalinfekte
- ist Tag und Nacht sowie beim Sport tragbar
- ist bis zu 10 Jahre wiederverwendbar

Glossar- und Übungsverzeichnis

Glossar- und Übungsverzeichnis

Glossar- und Übungsverzeichnis

T

U

V

W

X

Z

fitdankbaby®
Fitness für Dich & Dein Baby
Jetzt Kursleiter werden!
Qualitative Ausbildung mit Gebietsschutz.
Das erfolgreiche Konzept für Mütter und Babys.
Mehr Informationen unter www.fitdankbaby.com

Nützliche Adressen

BeBo®-Kurse, Ausbildungen, BeBo® Bücher und Materialien

BeBo® Verlag & Training GmbH
Friedackerstrasse 52
CH-8050 Zürich
Tel. +41 44 312 3077
Fax +41 44 312 3055
www.beckenboden.com
info@beckenboden.com

BeBo® Gesundheitstraining
Büro Deutschland
Lärchenstrasse 5
DE-86507 Oberottmarshausen
Tel. +49 8231 7631
Fax +49 8231 9880862
www.beckenboden.com
info@beckenboden.com

BeBo® Gesundheitstraining
Büro Österreich
Obermieming 223
AT-6414 Mieming
Tel. +43 676 957 10 52
www.beckenboden.com
info@beckenboden.com

PD Dr. med. Daniele Perucchini
Blasenzentrum
Gottfried Keller Strasse 7
CH-8001 Zürich
www.blasenzentrum.ch

PD Dr. med. André Reitz
KontinenzZentrum Klinik Hirslanden
Lengghalde 6, CH-8008 Zürich
www.kontinenzzentrum.ch

Verband der medizinischen Masseure der Schweiz vdms-asmm
Schachenallee 29
CH-5000 Aarau
Tel. +41 (0)62 823 02 70
www.vdms.ch

Hebammenpraxis Zürich
Franziska Summermatter
Nordstrasse 108
8057 Zürich
Tel. +41 (0)434886643
www.hebammenpraxis-zuerich.ch

Nützliche Informationsquellen

IVF Hartmann AG
Victor-von-Bruns-Strasse 28
CH-8212 Neuhausen
www.molimed.info

sanello
Postfach 634
CH-6212 Neuhausen
Helpline 0800 221 222
www.sanello.ch

Zambon Schweiz AG
Via Industria 13
CH-6814 Cadempino/TI
www.zambon-ch.ch
www.monulab.ch

fitdankbaby Schweiz
Chapfstrasse 32
CH-8625 Gossau ZH
www.fitdankbaby.ch

Ladyplanet - natürlich Frau sein
Bea Loosli
Berglistrasse 12
8608 Bubikon
www.ladyplanet.ch

Alle BeBo® Bücher, Materialien, Hilfsmittel und Pflegeprodukte finden Sie auch in unserem Shop:
beckenboden.com
info@beckenboden.com

Kompetenz in therapeutischer
Inkontinenz-Behandlung
seit 35 Jahren.
www.parsenn-produkte.ch
MENSCHEN
BEGEISTERN.
KegelSmart
Intelligenter trainieren
Das weltweit erste intelligente
Beckenbodentrainingsgerät
www.intimina.ch

Die Hebammenpraxis Zürich
gratuliert dem BeBo® Verlag
ganz herzlich zur 8. Neuauflage
und wünscht den Leserinnen viel Spass
auf der Reise zur weiblichen Mitte!
Pregnant? Yes we care!
Hebammenpraxis Zürich
www.hebammenpraxis-zuerich.ch